こころのラリー

卓球メダリストのメンタルに学ぶ
たくましく生きる22のヒント

発売 小学館
発行 小学館クリエイティブ

はじめに

スポーツが大好《だいす》きなみんなには、なやんだり、考《かんが》えたり、どうしたらいいかわからなくて困《こま》っていることがありますか？

もっと楽《たの》しくプレーしたい。もっとうまくなりたい。もっと活躍《かつやく》したい。もっともっとがんばって、チームのみんなといっしょに試合《しあい》に勝《か》ってよろこびたい——。

そんな、スポーツが好《す》きな気持《きも》ちや、あつい思《おも》い、チームメイトとの強《つよ》いきずながあるからこそ、思《おも》うように力《ちから》を出《だ》せないことでなやんだり、カベにぶつかって考《かんが》えこんだり、どんな練習《れんしゅう》をすればいいのかわからなくなることがあるかもしれません。

そんなときは、どうすればいいんだろう？

この本《ほん》では、日本代表《にほんだいひょう》チームの一員《いちいん》として何度《なんど》もオリンピックに出場《しゅつじょう》してきたふたりの元《もと》プロ卓球選手《たっきゅうせんしゅ》、水谷隼《みずたにじゅん》さんと石川佳純《いしかわかすみ》さんに聞《き》いてみました。

「子《こ》どものとき、どんな気持《きも》ちで卓球《たっきゅう》をやっていたんですか？」

「どうしたら、大好《だいす》きな卓球《たっきゅう》をもっと楽《たの》しめますか？」

中学《ちゅうがく》2年生《ねんせい》のときにドイツに留学《りゅうがく》した水谷隼《みずたにじゅん》さんは、〝自分《じぶん》で考《かんが》えて決断《けつだん》する〟ことの大切《たいせつ》さを教《おし》えてくれました。小学生《しょうがくせい》のころから「天才少女《てんさいしょうじょ》」として注目《ちゅうもく》された石川佳《いしかわか》純《すみ》さんは、卓球《たっきゅう》を〝好《す》きであり続《つづ》ける〟ことの意味《いみ》を話《はな》してくれました。ふたりとも、子《こ》どものころも、プロ選手《せんしゅ》になってからも、みんなと同《おな》じようになやみと向《む》き合《あ》って、いろんなことを考《かんが》えながら、がんばってきたことがわかりました。

この本《ほん》には、これまでたくさんのカベをのりこえてきたふたりの「本音《ほんね》」がちりばめられています。みんなに届《とど》けられた『こころのラリー』は、「もっとスポーツを楽《たの》しみたい！」と思《おも》っているみんなにとって、大切《たいせつ》なヒントになるはずです。

この本《ほん》のこころのコーチ①

水《みず》谷《たに》隼《じゅん》

左《ひだり》シェークドライブ型《がた》

▶ 誕生日《たんじょうび》

1989年《ねん》6月《がつ》9日《か》

▶ 生《う》まれた場所《ばしょ》

静岡県《しずおかけん》

▶ 星座《せいざ》／血液型《けつえきがた》

ふたご座《ざ》／A型《エーがた》

＼ ここがスゴい！ ／

天性《てんせい》のボールタッチ

子《こ》どものころから「ラケットで正確《せいかく》にボールをコントロールする技術《ぎじゅつ》がすごい！」と言《い》われた天才肌《てんさいはだ》の卓球《たっきゅう》プレーヤーだ！

＼ ここがスゴい！ ／

なんでもできるオールラウンダー

どんなプレースタイルの相手《あいて》にも対応《たいおう》できるし、自分《じぶん》もどんどんプレースタイルを変《か》えちゃうとっても器用《きよう》な選手《せんしゅ》！

＼ ここがスゴい！ ／

世界《せかい》のあちこちで活躍《かつやく》！

中学《ちゅうがく》・高校時代《こうこうじだい》はドイツ、プロ選手《せんしゅ》になってから中国《ちゅうごく》とロシアでプレー。英語《えいご》も話《はな》せるからコミュニケーションもバッチリだ！

ぼくは卓球選手《たっきゅうせんしゅ》。２０２１年《ねん》まで日本《にほん》代表《だいひょう》のプロ選手《せんしゅ》としてたくさんの国《こく》際大会《さいたいかい》に出場《しゅつじょう》してきました。子《こ》どものころから「天性《てんせい》のボールタッチ」を武器《ぶき》に、どんなプレーでも器用《きよう》にこなしちゃうオールラウンドプレーヤーと言《い》われることが多《おお》かったかな。自分《じぶん》で言《い》うのはちょっとはずかしいけれど、そういう特長《とくちょう》がある選手《せんしゅ》でした。

性格《せいかく》は、いちど決《き》めたことは最後《さいご》までねばり強《づよ》く、向上心《こうじょうしん》をもってやり続《つづ》けられるのが長所《ちょうしょ》。短所《たんしょ》は……そんなことを言《い》いながらもちょっとだけ自分《じぶん》にあまいところで、ついつい「今日《きょう》の練習《れんしゅう》、サボっちゃおうかな」と考《かんが》えてしまうことです。

普段《ふだん》はものしずかで人見知《ひとみし》り。そんなぼくだけど、卓球《たっきゅう》を通《つう》じて学《まな》んだことを全力《ぜんりょく》でみんなに伝《つた》えたいと思《おも》います！

▶ おもな経歴《けいれき》

- 2005年《ねん》 世界選手権個人戦《せかいせんしゅけんこじんせん》に出場《しゅつじょう》（15歳《さい》10カ月《げつ》は当時史上最年少《とうじしじょうさいねんしょう》）
- 2007年《ねん》 全日本卓球選手権《ぜんにほんたっきゅうせんしゅけん》で初優勝《はつゆうしょう》（17歳《さい》7カ月《げつ》は当時史上最年少《とうじしじょうさいねんしょう》）
- 2008年《ねん》 北京《ペキン》オリンピック出場《しゅつじょう》
- 2010年《ねん》 ＩＴＴＦ《アイティーティーエフ》（国際卓球連盟《こくさいたっきゅうれんめい》）ワールドツアー・グランドファイナル男子《だんし》シングルスで優勝《ゆうしょう》（日本人初《にほんじんはつ》）
- 2011年《ねん》 全日本卓球選手権《ぜんにほんたっきゅうせんしゅけん》で男子《だんし》シングルス5連覇《れんぱ》（史上初《しじょうはつ》）
- 2012年《ねん》 ロンドンオリンピック出場《しゅつじょう》
- 2014年《ねん》 ＩＴＴＦ《アイティーティーエフ》ワールドツアー・グランドファイナル男子《だんし》シングルスで優勝《ゆうしょう》（2回目《かいめ》）
- 2016年《ねん》 リオデジャネイロオリンピック男子団体《だんしだんたい》で銀《ぎん》メダル、男子《だんし》シングルスで銅《どう》メダル（日本人初《にほんじんはつ》）
- 2019年《ねん》 全日本卓球選手権男子《ぜんにほんたっきゅうせんしゅけんだんし》シングルスで通算《つうさん》10回目《かいめ》の優勝《ゆうしょう》（史上初《しじょうはつ》）
- 2021年《ねん》 東京《とうきょう》オリンピック男子団体《だんしだんたい》で銅《どう》メダル、混合《こんごう》ダブルスで金《きん》メダル（日本人初《にほんじんはつ》）

この本《ほん》のこころのコーチ②

石《いし》川《かわ》佳《か》純《すみ》

左《ひだり》シェークドライブ型《がた》

＼ ここがスゴい！／

王道《おうどう》の正統派《せいとうは》アタッカー！

美《うつく》しいフォームからはなたれる強烈《きょうれつ》なフォアハンドのドライブが武器《ぶき》！　正統派《せいとうは》の攻撃《こうげき》的《てき》スタイルで相手選手《あいてせんしゅ》と真《ま》っ向勝負《こうしょうぶ》！

＼ ここがスゴい！／

“かけひき”で相手《あいて》を見《み》きわめる

試合中《しあいちゅう》の“かけひき”が上手《じょうず》で、相手選手《あいてせんしゅ》のプレーや表情《ひょうじょう》をよく見《み》て、不利《ふり》な状況《じょうきょう》からでもすばやく対応《たいおう》・修正《しゅうせい》！　長《なが》いラリー戦《せん》から得意《とくい》のスマッシュでしとめる！

▶ 誕生日《たんじょうび》

1993年《ねん》2月《がつ》23日《にち》

▶ 生《う》まれた場所《ばしょ》

山口県《やまぐちけん》

▶ 星座《せいざ》／血液型《けつえきがた》

うお座《ざ》／O型《オーがた》

＼ ここがスゴい！／

どたん場《ば》に強《つよ》い！

試合《しあい》ではどんなに苦《くる》しい状況《じょうきょう》でも最後《さいご》までぜったいにあきらめず、何度《なんど》も大逆転《だいぎゃくてん》。現役《げんえき》時代《じだい》は「逆転勝利《ぎゃくてんしょうり》の石川《いしかわ》」と呼《よ》ばれたよ！

私《わたし》は卓球選手《たっきゅうせんしゅ》。どんなプレーヤーだったかと自分《じぶん》で分析《ぶんせき》してみると、本番《ほんばん》に強《つよ》いタイプで、逆転勝《ぎゃくてんが》ちが多《おお》い選手《せんしゅ》でもありました。子《こ》どものころから本当《ほんとう》にたくさんの人《ひと》に応援《おうえん》してもらって、夢《ゆめ》だったオリンピックには２０１２年《ねん》のロンドン大会《たいかい》、２０１６年《ねん》のリオデジャネイロ大会《たいかい》、それから２０２１年《ねん》の東京大会《とうきょうたいかい》と３度《ど》も出場《しゅつじょう》させてもらいました。女子団体《じょしだんたい》では銀《ぎん》メダルを２つ、銅《どう》メダルを１つ取《と》ることができて、２０２１年《ねん》まで日本代表《にほんだいひょう》のプロ選手《せんしゅ》としてプレーしました。

小《ちい》さいころから明《あか》るくて元気《げんき》いっぱいだった私《わたし》は、ピアノ、水泳《すいえい》、クラシックバレエにもチャレンジしました。卓球《たっきゅう》は、少《すこ》しあきっぽくて負《ま》けん気《き》の強《つよ》い私《わたし》が夢中《むちゅう》になれたゆいいつのスポーツ。その魅力《みりょく》が、みんなに伝《つた》わったらいいな！

▶ おもな経歴《けいれき》

2010年《ねん》　全日本卓球選手権《ぜんにほんたっきゅうせんしゅけん》ジュニア女子《じょし》シングルスで4連覇《れんぱ》を達成《たっせい》

2011年《ねん》　全日本卓球選手権《ぜんにほんたっきゅうせんしゅけん》女子《じょし》シングルスで初《はつ》優勝《ゆうしょう》

2012年《ねん》　ロンドンオリンピック女子《じょし》シングルス4位《い》、女子団体銀《じょしだんたいぎん》メダル（日本卓球界初《にほんたっきゅうかいはつ》）

2014年《ねん》　ＩＴＴＦ《アイティーティーエフ》ワールドツアーグランドファイナル女子《じょし》シングルスで初優勝《はつゆうしょう》

2015年《ねん》　全日本卓球選手権《ぜんにほんたっきゅうせんしゅけん》女子《じょし》シングルス3連《れん》覇《ぱ》、女子《じょし》ダブルス、混合《こんごう》ダブルスと3冠《かん》

2016年《ねん》　リオデジャネイロオリンピック女子団体《じょしだんたい》で銅《どう》メダル

2017年《ねん》　世界卓球選手権《せかいたっきゅうせんしゅけん》個人戦混合《こじんせんこんごう》ダブルス優勝《ゆうしょう》

2021年《ねん》　全日本卓球選手権《ぜんにほんたっきゅうせんしゅけん》女子《じょし》シングルスで通《つう》算《さん》5度目《どめ》の優勝《ゆうしょう》
東京《とうきょう》オリンピック女子団体《じょしだんたい》で銀《ぎん》メダル

石川《いしかわ》さんに聞《き》く！

水谷《みずたに》隼《じゅん》さんってどんな人《ひと》？

水谷《みずたに》くんは、とっても個性的《こせいてき》な人《ひと》です。私《わたし》なんかよりもずっと〝天才肌《てんさいはだ》〟で、もしかしたら歴代《れきだい》の日本人選手《にほんじんせんしゅ》で一番《いちばん》の天才《てんさい》かもしれません。

13歳《さい》くらいからずっと同《おな》じ日本代表選手《にほんだいひょうせんしゅ》として世界《せかい》のツアーをいっしょにまわってきたけれど、おこったところをいちども見《み》たことがありません。だけど、自分《じぶん》に対《たい》してはとてもきびしくて、人《ひと》が見《み》ていないところで努《ど》力《りょく》をしているタイプです。考《かん》えかたがとても独特《どくとく》で、その雰《ふん》囲気《いき》がおもしろいから、みんなが注目《ちゅうもく》してしまうんだと思《おも》います。

あれだけ長《なが》く日本《にほん》の男子卓球界《だんしたっきゅうかい》を引《ひ》っぱってきた力《ちから》は、本当《ほんとう》にすごい！ 私《わたし》とはタイプがぜんぜんちがうからこそ、心《こころ》から尊敬《そんけい》しています。

水谷《みずたに》さんに聞《き》く！

石《いし》川《かわ》佳《か》純《すみ》さんってどんな人《ひと》？

石川《いしかわ》さんは卓球《たっきゅう》が大好《だいす》きで、勝《か》つことに対《たい》してとてもどんよくで、練習場《れんしゅうじょう》ではぼくの2倍《ばい》くらい練習《れんしゅう》していたかもしれません。卓球《たっきゅう》に向《む》き合《あ》う姿勢《しせい》は本当《ほんとう》にすごいと思《おも》うし、まちがいなく日本《にほん》の女子卓球界《じょしたっきゅうかい》を引《ひ》っぱってくれた選手《せんしゅ》だと思《おも》います。

ぼくと比《くら》べると、選手《せんしゅ》としてのタイプはぜんぜんちがうかもしれません。石川《いしかわ》さんはちゃんと〝オモテ〟でがんばれる選手《せんしゅ》。ぼくは表《おもて》ではサボっているように見《み》せて〝ウラ〟でがんばる選手《せんしゅ》。そういう意味《いみ》では、彼女《かのじょ》がどんな考《かんが》えかたをして卓球《たっきゅう》と向《む》き合《あ》ってきたのか、ぼくはずっと興味《きょうみ》を持《も》っていました。タイプがちがうからこそ、学《まな》べることがたくさんあるけれど、意見《いけん》は……うーん、合《あ》わないかもしれないな（笑《わらい》）。

第《だい》1章《しょう》 卓球《たっきゅう》のおもしろさを知《し》るためのヒント

第《だい》2章《しょう》
自分自身《じぶんじしん》を変《か》えるためのヒント

第《だい》4章《しょう》 緊張《きんちょう》やミスをのりこえるためのヒント

第《だい》5章《しょう》
たくましいメンタルをはぐくむためのヒント

第《だい》1章《しょう》

卓球《たっきゅう》のおもしろさを知《し》るためのヒント

ヒント 01

いろいろな競技《きょうぎ》に挑戦《ちょうせん》して「一番《いちばん》好《す》き」で「一番《いちばん》難《むずか》しい」卓球《たっきゅう》を選《えら》んだ。

ミズタニ先生《せんせい》からキミへ

だれだってチャレンジできる それがスポーツのいいところ！

ぼくは、子《こ》どものころからいろんなスポーツが好《す》きだった。

幼稚園《ようちえん》に通《かよ》っていたころは水泳《すいえい》を習《なら》っていて、卓球《たっきゅう》を始《はじ》めたのは5歳《さい》のとき。それからずっと卓球《たっきゅう》を続《つづ》けてきたけれど、小学生《しょうがくせい》になると友《とも》だちといっしょにソフトボールやサッカーをやるのが好《す》きだったし、ミニバスケットボールやソフトテニスにもチャレンジした。とにかく球技《きゅうぎ》が好《す》きで、「楽《たの》しそう」と思《おも》ったものにはなんでもとびついた。

ちなみに……スポーツが好《す》きと聞《き》くと、いつもクラスの中心《ちゅうしん》にいる活発《かっぱつ》な子《こ》を想像《そうぞう》するかもしれないけれど、ぼくはそうじゃなかった。とくに問題《もんだい》を起《お》こすこともなく、目《め》立《だ》つわけでもなく、ただまじめに幼稚園《ようちえん》や小学校《しょうがっこう》に通《かよ》う普通《ふつう》の子《こ》どもだった。

なにが言《い》いたいかというと、スポーツを極《きわ》めるために〝キャラクター〟は関係《かんけい》ないっ

てことだ。だれだってチャレンジできる。それがスポーツのいいところだ。

子《こ》どものころ、いろんなスポーツに挑戦《ちょうせん》するなかで気《き》づいたことがふたつあった。

ひとつは、ぼくはほかの子《こ》たちよりも成長《せいちょう》のスピードが早《はや》いかもしれない、ということ。それからもうひとつは、ぼくにとって卓球《たっきゅう》は、いろんなスポーツのなかで一番《いちばん》好《す》きで、一番《いちばん》おもしろくて、一番難《いちばんむずか》しいと感《かん》じられるスポーツだったことだ。

「難《むずか》しい」のにどうして？　と思《おも》うかもしれない。でも、ぼくにとって「難《むずか》しい」は「おもしろい」と同《おな》じことだ。

卓球《たっきゅう》はラケットを使《つか》ってボールを打《う》つスポーツだけど、相手《あいて》が打《う》ち返《かえ》してくるボールに〝まったく同《おな》じボール〟はない。

ボールのスピードがちがう。飛《と》んでくるコースがちがう。ボールの回転《かいてん》もちがう。それを一回一回《いっかいいっかい》見《み》きわめて、正確《せいかく》に打《う》ち返《かえ》さなきゃならない。

もちろん、ただ打《う》ち返《かえ》すだけじゃダメ。ネットをこえるギリギリの高《たか》さにボールを飛《と》ばしたり、卓球台《たっきゅうだい》のはしっこギリギリのところに落《お》としたり。それをものすごいスピード感《かん》のなかでやらなきゃいけないところに「難《むずか》しさ」を感《かん》じるし、だからこそ奥深《おくぶか》くて、だからこそおもしろくて、最高《さいこう》に楽《たの》しいスポーツだとぼくは思《おも》った。

難《むずか》しさや奥深《おくぶか》さ、おもしろさや楽《たの》しさは、成長《せいちょう》するにつれてどんどん強《つよ》く感《かん》じていった。相手《あいて》に勝《か》つためにはハードに動《うご》きまわったり、強《つよ》いボールを打《う》ち返《かえ》す筋力《きんりょく》が必要《ひつよう》だ。うまくいかなくてもぜったいにあきらめない強《つよ》い心《こころ》も必要《ひつよう》だ。

スポーツが好《す》きだ。だからいろんなスポーツにチャレンジしたい。でも、たぶん、卓《たっ》球《きゅう》が一番難《いちばんむずか》しくておもしろい。もし卓球《たっきゅう》を極《きわ》めることができたら、きっとほかのスポーツも思《おも》いどおりにプレーできるにちがいない。

だから、ぼくは卓球《たっきゅう》を選《えら》んだ。その選択《せんたく》は正《ただ》しかったと思《おも》う。

02 ヒント

個《こ》人《じん》戦《せん》ゲームの
かけひきの
おもしろさは
オセロから学《まな》んだ。

対戦相手《たいせんあいて》はなにを考《かんが》えている？ それを考《かんが》えるのが「かけひき」

カスミ先生《せんせい》からキミへ

卓球《たっきゅう》に出会《であ》うまで、子《こ》どものころの私《わたし》はひとつのことを長《なが》く続《つづ》けられないタイプでした。

そんな私《わたし》でも、続《つづ》けられたことがふたつだけあります。

ひとつは読書《どくしょ》。小学生《しょうがくせい》のころから本《ほん》を読《よ》むのが好《す》きで、休《やす》み時間《じかん》はいつも図書室《としょしつ》の本《ほん》を読《よ》んでいました。よく読《よ》んでいたのは偉人《いじん》の伝記《でんき》や歴史《れきし》の本《ほん》。本《ほん》を読《よ》む習慣《しゅうかん》は、大人《おとな》になってもずっと続《つづ》いています。

もうひとつはボードゲームのオセロ。いつもいっしょにやっていた友《とも》だちは、オセロの達人《たつじん》でした。何度《なんど》、勝負《しょうぶ》をいどんでも、負《ま》けるのはいつも私《わたし》。でも、本当《ほんとう》にときどき勝《か》てることがあって、それがうれしくて、何度《なんど》も何度《なんど》も挑戦《ちょうせん》していました。

いまになって思《おも》うんです。もしかしたら、私《わたし》、卓球《たっきゅう》をやるうえでとても大切《たいせつ》な〝相手《あいて》とのかけひき〟を、オセロから学《まな》んだのかもしれないなって。

卓球《たっきゅう》のように〝対戦相手《たいせんあいて》〟がいる競技《きょうぎ》は、いつも１００％の力《ちから》を出《だ》す必要《ひつよう》はありません。たとえば、相手《あいて》が20なら30の力《ちから》でいいし、相手《あいて》が１００なら、もちろん１１０の力《ちから》を出《だ》さなければ勝《か》てません。つまり、相手《あいて》がその瞬間《しゅんかん》に、どういう状況《じょうきょう》や状態《じょうたい》なのかを見《み》きわめることが大切《たいせつ》です。

相手《あいて》が「緊張《きんちょう》しているな」と感《かん》じたら強気《つよき》に攻《せ》める。ミスしたフリをして相手《あいて》を油断《ゆだん》させる。相手《あいて》と一対一《いったいいち》で対戦《たいせん》する競技《きょうぎ》で勝負《しょうぶ》に勝《か》つためには、かけひきのうまさを身《み》につけなければいけません。

卓球《たっきゅう》を始《はじ》めてからの私《わたし》は、いつも「対戦相手《たいせんあいて》がなにを考《かんが》えているか」を考《かんが》えていました。ライバルと呼《よ》ばれる選手《せんしゅ》なら、何度《なんど》も対戦《たいせん》しているから、性格《せいかく》や〝くせ〟がぜんぶわかる。あせっているときはどういう表情《ひょうじょう》を見《み》せるか。迷《まよ》っているときはどういうプレー

をするか。卓球台《たっきゅうだい》は、ほかの球技《きゅうぎ》に比《くら》べて相手選手《あいてせんしゅ》との距離《きょり》が近《ちか》いから、表情《ひょうじょう》がはっきり見《み》えるんです。だから、緊張《きんちょう》で手《て》がふるえていることまでちゃんと見《み》える。近《ちか》いからこそ、〝心《こころ》のゆれ〟が相手《あいて》に伝《つた》わってしまうんですよね。

オセロに夢中《むちゅう》だった小学生《しょうがくせい》のころ、自分《じぶん》よりはるかに強《つよ》い相手《あいて》に何度《なんど》もいどみ、「どうやったら勝《か》てるのか」をいつも真剣《しんけん》に考《かんが》えていました。オセロと卓球《たっきゅう》はまったくちがうゲームだけれど、共通点《きょうつうてん》もたくさんある。それがなんとなくわかっていたからこそ、かけひきで相手《あいて》を上回《うわまわ》って、ゲームに勝《か》ったときのよろこびを、いまでもよくおぼえています。

負《ま》けずぎらいな私《わたし》にとって、オセロは「原点《げんてん》」と言《い》えるゲームかもしれません。オセロを楽《たの》しみながら、私《わたし》は一対一《いったいいち》で戦《たたか》うスポーツのおもしろさを知《し》りました。

ヒント

03

もしも練習《れんしゅう》が
イヤになったら、
「自分《じぶん》はなにに
なりたいか」を
本気《ほんき》で考《かんが》えてみよう。

迷《まよ》ったら考《かんが》えてみよう 自分《じぶん》がなにになりたいか

ミズタニ先生《せんせい》からキミへ

小学生《しょうがくせい》になると、すぐに結果《けっか》が出《で》た。

1年生《ねんせい》のときに、2年生《ねんせい》以下《いか》の全国大会《ぜんこくたいかい》で準優勝《じゅんゆうしょう》。2年生《ねんせい》のときは同《おな》じ大会《たいかい》で優勝《ゆうしょう》することができた。

とくに、1年生《ねんせい》での準優勝《じゅんゆうしょう》という成績《せいせき》はたくさんの人《ひと》から「すごい」とほめられたし、正直《しょうじき》に言《い》うと、ぼくはそのころから卓球《たっきゅう》がうまかったと思《おも》う。

2年生《ねんせい》のときはすべての試合《しあい》が圧勝《あっしょう》で、だれと対戦《たいせん》しても負《ま》ける気《き》がしなかった。

それでも、試合《しあい》に勝《か》てるからといって卓球《たっきゅう》を「つまらない」と感《かん》じたり、調子《ちょうし》にのって「うまくなりたい」という気持《きも》ちをなくしたりすることはなかった。

なぜなら、いつもいっしょに練習《れんしゅう》しているのが、ぼくよりはるかにうまくて強《つよ》い兄《あに》や両親《りょうしん》だったから。

そう、年齢《ねんれい》の近《ちか》い選手《せんしゅ》と対戦《たいせん》する〝本番《ほんばん》の試合《しあい》〟以外《いがい》で、つまり毎日《まいにち》のトレーニングのなかで、ぼくが勝《か》てることなんてほとんどなかったんだ。兄《あに》も両親《りょうしん》も、パワーやスピードはぼくとはぜんぜんちがう。だから「いつか兄《あに》や両親《りょうしん》に勝《か》ちたい」という気持《きも》ちはずっとなくならなかったし、「もっとうまくなりたい」という気持《きも》ちはだれよりも強《つよ》く持《も》っていた。

ただ、やっかいなことに、ぼくは大《だい》の〝練習《れんしゅう》ぎらい〟だった。

小学《しょうがく》2年生《ねんせい》で全国優勝《ぜんこくゆうしょう》すると、〝めちゃくちゃうまい大人《おとな》〟がたくさんいるクラブチーム「ヤマハクラブ」で練習《れんしゅう》することになった。練習《れんしゅう》は週《しゅう》に3回《かい》か4回《かい》。あたりまえのことだけど、コーチたちはみんなぼくよりも圧倒的《あっとうてき》に卓球《たっきゅう》がうまくて、強《つよ》くて、とてもかなう相手《あいて》じゃなかった。

しかも、とにかくきびしかった。

練習《れんしゅう》メニューはいつも同《おな》じ。短《みじか》くても2時間《じかん》、長《なが》ければ3時間《じかん》も、ずっと同《おな》じことをやり続《つづ》けた。使《つか》えるボールの数《かず》が少《すく》ないから、コーチの後《うし》ろに飛《と》んでいくとそれを走《はし》ってひろいにいかなくちゃならない。

卓球《たっきゅう》を練習《れんしゅう》しているというより、まるで走《はし》る練習《れんしゅう》をしているみたいだった。毎日毎日《まいにちまいにち》、打《う》っては走《はし》って、打《う》っては走《はし》ってのくりかえし。コーチやまわりの選手《せんしゅ》、練習《れんしゅう》のレベルが急《きゅう》に上《あ》がったこともつらかったけれど、ぼくはとにかく〝走《はし》りっぱなし〟がイヤでしかたなかった。

いまになって思《おも》えば、ボールの数《かず》はあえて少《すく》なかったんだと思《おも》う。**卓球《たっきゅう》は〝1球《きゅう》の重《おも》み〟を思《おも》い知《し》らされるスポーツだ。たった1球《きゅう》のミスで試合《しあい》に負《ま》けてしまうことがあるから、練習《れんしゅう》を通《つう》じてそれを知《し》るのはとても大切《たいせつ》なこと。**1球《きゅう》を大切《たいせつ》に。1球《きゅう》に集中《しゅうちゅう》する。そういうことを教《おし》えるための工夫《くふう》だったんだろうと、大人《おとな》になったいまとなっては思《おも》える。

走《はし》りっぱなしがイヤなぼくを練習《れんしゅう》に向《む》かわせたのは、ヤマハクラブのコーチよりもきびしい両親《りょうしん》だ。

練習《れんしゅう》の帰《かえ》り道《みち》、車《くるま》の中《なか》でいつも両親《りょうしん》におこられた。練習《れんしゅう》の内容《ないよう》が悪《わる》かったのか、それともぼくの態度《たいど》が悪《わる》かったのか、どうしておこられたのかについてはおぼえていない。でも、とにかく毎日《まいにち》のようにおこられた。

もしも同《おな》じ状況《じょうきょう》に直面《ちょくめん》したら……みんなだったらどうする？

ぼくにとって両親《りょうしん》は、卓球《たっきゅう》においては絶対的《ぜったいてき》な存在《そんざい》だった。反抗《はんこう》する選択肢《せんたくし》なんてなかったから、両親《りょうしん》の言《い》うことを聞《き》いて練習《れんしゅう》に通《かよ》うしかなかった。

だから、反抗《はんこう》なんてしなかった。「練習《れんしゅう》に行《い》きたくない」なんていちども言《い》わなかった。ひたすらがまんして、ヤマハクラブで練習《れんしゅう》し続《つづ》けた。

いま、大人《おとな》になったぼくは「イヤならやめたっていいよ」と子《こ》どもたちにアドバイス

するかもしれない。走《はし》って、おこられて、がまんするばかりだったら、楽《たの》しいはずの卓《たっ》球《きゅう》を楽《たの》しめなくなってしまう子《こ》だっているだろう。だから「やめたっていいよ」と言《い》ってあげると思《おも》う。

でも、ぼくはがまんした。おこられたくないから一生懸命《いっしょうけんめい》に練習《れんしゅう》した。そうするうちに、少《すこ》しずつ強《つよ》くなっていったことはまちがいない。そう言《い》い切《き》れるくらい大切《たいせつ》な時間《じかん》だった。

みんなはどうする？

もしも一生懸命《いっしょうけんめい》にやること、がまんして練習《れんしゅう》することがイヤになってしまったら、「自分《じぶん》はなにになりたいのか」を本気《ほんき》で考《かんが》えてみるといいかもしれない。子《こ》どものころのぼくはなにも考《かんが》えられなかったけれど、みんなはちゃんと考《かんが》えてみてほしい。

ヒント 04

だれにも負《ま》けたくない！私《わたし》を支《ささ》えたのは根《ね》っからの負《ま》けずぎらい。

相手《あいて》よりも自分《じぶん》に負《ま》けたくない！
思《おも》いを「自分《じぶん》」に向《む》けるのが大事《だいじ》

カスミ先生《せんせい》からキミへ

スポーツ選手《せんしゅ》としてのみなさんの一番《いちばん》の〝武器《ぶき》〟はなんですか？　足《あし》が速《はや》いことかな？　それとも、ボールのあつかいが上手《じょうず》なことかな？

私《わたし》の武器《ぶき》は「負《ま》けずぎらいな性格《せいかく》」です。じつは私《わたし》、ちょっと異常《いじょう》なくらいの負《ま》けずぎらいなんですよ。

まだ子《こ》どもだったころ、卓球《たっきゅう》をやっていたお父《とう》さんは、試合《しあい》に負《ま》けるといつも「相手《あいて》が強《つよ》かった」と言《い》っていました。私《わたし》には、それがふしぎでしかたがありませんでした。「え？　どうして？　くやしくないの？」と、いつもそう思《おも》っていました。

いっしょに卓球《たっきゅう》をやっていた友《とも》だちに対《たい》しても同《おな》じことを思《おも》っていました。試合《しあい》に負《ま》

けた子《こ》のいつもと変《か》わらない様子《ようす》を見《み》て、「どうしてくやしくないの？」と思《おも》ったり、「もっとがんばれば勝《か》てるのに！」と思《おも》ったり……。

私《わたし》は、とにかく負《ま》けることがイヤでした。

その試合《しあい》に対《たい》して「本気《ほんき》じゃなかった」と言《い》っているみたいだから、いいわけをするのもイヤ。どんな試合《しあい》でも本気《ほんき》で戦《たたか》いたいし、自分《じぶん》の力《ちから》を出《だ》しきりたい。だからぜったいに負《ま》けたくないし、負《ま》けたら本気《ほんき》でくやしい。そんな気持《きも》ちで、いつも卓球《たっきゅう》と向《む》き合《あ》っていたんです。

もしかしたら、〝負《ま》けずぎらい〟は私《わたし》が思《おも》いっきり卓球《たっきゅう》を楽《たの》しむために、強《つよ》くなるために必要《ひつよう》な性格《せいかく》だったのかもしれません。

もちろん、大人《おとな》になったいまでも、その性格《せいかく》は変《か》わりません。

大人《おとな》になってわかったのは、負《ま》けずぎらいには2種類《しゅるい》ある、ということです。

ひとつは対戦相手《たいせんあいて》に対《たい》して「負《ま》けたくない」という気持《きも》ち。もうひとつは、自分自身《じぶんじしん》に対《たい》して「負《ま》けたくない」という気持《きも》ち。

もちろん相手《あいて》に対《たい》する気持《きも》ちは強《つよ》いのだけれど、その思《おも》いは試合《しあい》に勝《か》った瞬間《しゅんかん》になくなってしまうでしょ？　だから、大切《たいせつ》なのは自分自身《じぶんじしん》に対《たい》する負《ま》けずぎらいのほうだと、私《わたし》は思《おも》います。

目標《もくひょう》をクリアしたい。手《て》を抜《ぬ》きたくない。自分《じぶん》をあまやかしたくない。そういう気持《きも》ちを強《つよ》く持《も》って、私《わたし》はずっと戦《たたか》ってきました。

スポーツをやるうえで、思《おも》いを自分自身《じぶんじしん》に向《む》けることはとても大切《たいせつ》なことだと思《おも》います。**勝《か》っても負《ま》けても、原因《げんいん》や理由《りゆう》をほかのだれかや、ほかのなにかに求《もと》めるのではなく、いつも「自分自身《じぶんじしん》に勝《か》てたかどうか」に目《め》を向《む》けたい。**

みんなはどうですか？　私《わたし》よりも強《つよ》く、自分自身《じぶんじしん》に対《たい》して「ぜったいに負《ま》けたくない！」と思《おも》える人《ひと》はいるかな？

ミズタニの
こぼれ話《ばなし》コラム

ぼくは「ヒーロー」になりたかった

子《こ》どものころから「ヒーローになりたい」と思《おも》っていた。

小学校《しょうがっこう》２、４、６年《ねん》の全国大会《ぜんこくたいかい》でそれぞれ優勝《ゆうしょう》しちゃったものだから、そのころにはもう、ちょっとしたヒーロー気《き》どりだった。自分《じぶん》で言《い》うのもはずかしいけれど、「オレってちょっと特別《とくべつ》なのかも」と思《おも》っていたし、だからこそ「もっともっとスター選手《せんしゅ》になりたい！」と真剣《しんけん》に思《おも》っていた。そう、ぼくは大好《だいす》きだった『SLAM DUNK《スラムダンク》』や『ONE PIECE《ワンピース》』に出《で》てくる主人公《しゅじんこう》みたいになりたかったんだ。

世界選手権《せかいせんしゅけん》とオリンピックでメダルを取《と》りたいと思《おも》ったのもそのためだ。なかでもオリンピックは特別《とくべつ》だった。卓球《たっきゅう》は1988年《ねん》のソウル大会《たいかい》から正式種目《せいしきしゅもく》になったのだけれど、日本《にほん》人選手《じんせんしゅ》でメダルを取《と》った人《ひと》はだれもいなかった。ぼくは自分《じぶん》の名前《なまえ》を歴史《れきし》に残《のこ》したい。だからメダルを取《と》りたい。そう強《つよ》く思《おも》っていた。

2016年《ねん》のリオデジャネイロ大会《たいかい》で、シングルスでは日本人《にほんじん》初《はつ》となるメダルを獲得《かくとく》できたときは、本当《ほんとう》に最高《さいこう》の気分《きぶん》だった。マンガみたいなヒーローになれたかどうかはわからないけれど、やっぱり「こうなりたい！」と強《つよ》く願《ねが》うことは大切《たいせつ》だ。だから、みんなにも夢《ゆめ》を持《も》ってほしい。それを実現《じつげん》するために努力《どりょく》する人生《じんせい》って、最高《さいこう》に楽《たの》しいとぼくは思《おも》うよ！

第《だい》2章《しょう》

自分自身《じぶんじしん》を変《か》えるためのヒント

ヒント 05

オリンピックに
出《で》られない？
現実的《げんじつてき》で具体的《ぐたいてき》な
目標《もくひょう》を持《も》って、
「本《ほん》気《き》度《ど》」が
変《か》わった。

「夢《ゆめ》」が「目標《もくひょう》」に変《か》わったら信《しん》じられないパワーがわいてくる！

カスミ先生《せんせい》からキミへ

スポーツでも、勉強《べんきょう》でも、はっきりとした目標《もくひょう》を持《も》つことはすごく大切《たいせつ》だと、私《わたし》は思《おも》います。

でも、10代《だい》のころの私《わたし》が、はっきりとした夢《ゆめ》や目標《もくひょう》を持《も》ち、それに向《む》かってつき進《すす》んでいたかと聞《き》かれれば、けっしてそうだったわけではありません。

12歳《さい》のときにはじめて全国大会《ぜんこくたいかい》で優勝《ゆうしょう》して、それから大《おお》きなざせつもなく、特別《とくべつ》なターニングポイントもなく、ただ目《め》の前《まえ》の試合《しあい》に勝《か》ちたいという思《おも》いだけで卓球《たっきゅう》と向《む》き合《あ》ってきました。

そんな私《わたし》がハッとさせられたのは、２０１０年《ねん》の世界選手権《せかいせんしゅけん》でのこと。日本代表《にほんだいひょう》の一員《いちいん》として、平野早矢香《ひらのさやか》さん、福原愛《ふくはらあい》さんといっしょに団体戦《だんたいせん》に出場《しゅつじょう》していた私《わたし》に、中国《ちゅうごく》

のある記者《きしゃ》さんが教《おし》えてくれました。

「イシカワさん、あなた、このままじゃ2年後《ねんご》のオリンピックに出場《しゅつじょう》できないけれど、どうするの？」

2008年《ねん》の北京大会《ペキンたいかい》までは、3人《にん》の選手《せんしゅ》がシングルスに出場《しゅつじょう》できるルールでした。でも、ちょうどその日《ひ》、オリンピックのルールが変更《へんこう》されて、シングルスの出場枠《しゅつじょうわく》が「2」に減《へ》ったことを、その記者《きしゃ》さんは教《おし》えてくれたのです。

「……が、がんばります」

おどろいてしまった私《わたし》は、とっさにそんな言葉《ことば》しか返《かえ》せませんでした。ロンドン大会《たいかい》のシングルスに出場《しゅつじょう》するためには、いま、私《わたし》の目《め》の前《まえ》にいる、めちゃくちゃ強《つよ》いふたりの先輩《せんぱい》に勝《か》たなくちゃいけない——。

しばらくして、自分《じぶん》の心《こころ》のなかにあるスイッチが押《お》された気《き》がしました。私《わたし》だって、オリンピックに出場《しゅつじょう》したい。シングルスのメンバーに選《えら》ばれたい。こうなったらもう、なにがなんでも平野《ひらの》さんと福原《ふくはら》さんに勝《か》つしかない。はじめてそう本気《ほんき》で思《おも》えた気《き》がします。

それまでの私《わたし》は、「こんなにもすごい先輩《せんぱい》たちがいるのに、自分《じぶん》なんて……」という気持《きも》ちで、はっきりとした目標《もくひょう》を口《くち》にすることができませんでした。

でも、オリンピックへの出場《しゅつじょう》を「夢《ゆめ》」から「目標《もくひょう》」に変《か》えて、その目標《もくひょう》を達成《たっせい》してロンドン大会《たいかい》のシングルスの舞台《ぶたい》に立《た》ったとき、ぜったいにクリアしたいと思《おも》える目標《もくひょう》を持《も》つことができれば、自分《じぶん》でも信《しん》じられないくらいのパワーがわいてくることを知《し》りました。

この大会《たいかい》をきっかけに、私《わたし》の負《ま》けずぎらいはパワーアップしたと思《おも》います（笑《わらい》）。はっきりとした目標《もくひょう》を持《も》って、なにがなんでも達成《たっせい》する。そのエネルギーは、私《わたし》にとって大《おお》きな原動力《げんどうりょく》でした。

ヒント 06

中《ちゅう》2でドイツへ。日本《にほん》とはちがう世界《せかい》がぼくの才能《さいのう》を伸《の》ばしてくれた。

自分《じぶん》に合《あ》った環境《かんきょう》を見《み》つけて正《ただ》しい努力《どりょく》ができると成長《せいちょう》する

中学《ちゅうがく》2年《ねん》の秋、ぼくはドイツにわたった。

それまでは地元《じもと》の公立中学《こうりつちゅうがく》に通《かよ》っていたけれど、「ドイツで卓球《たっきゅう》をやらないか」とさそいを受《う》けて心《こころ》がおどった。学校《がっこう》で勉強《べんきょう》することがそれほど好《す》きじゃなかったし、ドイツに行《い》って卓球《たっきゅう》づけの毎日《まいにち》を送《おく》れるなんて「超《ちょう》カッコいいじゃん！」と思《おも》った。ここだけの話《はなし》、きびしすぎる両親《りょうしん》からはなれて自由《じゆう》にのびのびとプレーしたいという気持《きも》ちもあった。

ドイツ・デュッセルドルフでの生活《せいかつ》は本当《ほんとう》に充実《じゅうじつ》していた。

なにがよかったかというと、「自由《じゆう》になれる！」と思《おも》ってドイツにわたったのに、むしろ不自由《ふじゆう》だったことだ。

3人《にん》の先輩《せんぱい》との共同生活《きょうどうせいかつ》。買《か》いものも、洗濯《せんたく》も、家事《かじ》はぜんぶ自分《じぶん》たちでやらなきゃいけなかったから、責任感《せきにんかん》が生《う》まれて人間的《にんげんてき》に成長《せいちょう》することができた。

日本語《にほんご》は、いっしょに日本《にほん》から来《き》た選手《せんしゅ》以外《いがい》のチームメイトには通《つう》じない。だからコーチや現地《げんち》の人《ひと》たちとコミュニケーションをとるために英語《えいご》とドイツ語《ご》を勉強《べんきょう》した。本当《ほんとう》に大変《たいへん》だったけど、卓球界《たっきゅうかい》で生《い》きていくために、このタイミングで英語《えいご》を学《まな》べたことは本当《ほんとう》に大《おお》きかった。

卓球《たっきゅう》に対《たい》する考《かんが》えかたは日本《にほん》とはまるでちがう。だから練習内容《れんしゅうないよう》もまったくの別《べつ》モノだった。〝はじめての世界《せかい》〟で感《かん》じた「不自由《ふじゆう》さ」が、ぼくを成長《せいちょう》させてくれた。

そんな環境《かんきょう》に身《み》をおいて、卓球《たっきゅう》の実力《じつりょく》もおもしろいように伸《の》びた。

ドイツにわたって4カ月後《げつご》、日本《にほん》に一時帰国《いちじきこく》して全日本選手権《ぜんにほんせんしゅけん》を戦《たたか》った。17歳以下《さいいか》が出場《しゅつじょう》する「ジュニアの部《ぶ》」で史上最年少優勝《しじょうさいねんしょうゆうしょう》したあと、「シニアの部《ぶ》」では史上最《しじょうさい》

年少《ねんしょう》でベスト16に入《はい》った。この大会《たいかい》で、ぼくの名前《なまえ》が一気《いっき》に知《し》れわたった。

ドイツに行《い》って卓球《たっきゅう》がうまくなった理由《りゆう》は、やっぱり、日本《にほん》とはちがう環境《かんきょう》にあったと思《おも》う。

日本《にほん》ではチームメイトみんなが同《おな》じ練習《れんしゅう》をするけれど、ドイツではコーチが〝水谷《みずたに》隼《じゅん》の練習《れんしゅう》メニュー〟を組《く》む。徹底的《てっていてき》に練習《れんしゅう》させられたのは弱点《じゃくてん》を克服《こくふく》するためのメニューだ。コーチに言《い》われるがまま、必死《ひっし》になって食《く》らいついていくうちに、ぼくは勝手《かって》に強《つよ》くなっていった。

日本《にほん》からはなれて、人《ひと》としても選手《せんしゅ》としても自立《じりつ》して卓球《たっきゅう》に打《う》ちこむ生活《せいかつ》は、ぼくの人間性《にんげんせい》や性格《せいかく》に合《あ》っていたと思《おも》う。**スポーツ選手《せんしゅ》が成長《せいちょう》するために〝環境《かんきょう》〟はとても大事《だいじ》だ。自分《じぶん》に合《あ》った環境《かんきょう》を見《み》つけて、そこで正《ただ》しい努力《どりょく》をして、はじめて才能《さいのう》が引《ひ》き出《だ》されるのだと思《おも》う。**

環境《かんきょう》を選《えら》ぶのは簡単《かんたん》じゃない。ぼくはとてもラッキーだった。いまスポーツをがんばっているみんなも、同《おな》じようにラッキーであってほしい。

ヒント 07

がんばることは
簡単《かんたん》じゃない。
でも、
がんばらないと
なにも始《はじ》まらない。

カスミ先生《せんせい》からキミへ

報《むく》われるかはわからない。でも
がんばってみないと結果《けっか》は出《で》ない

がんばることって、簡単《かんたん》じゃないよね。その気持《きも》ち、私《わたし》もすっっっごく、よくわかります。

ロンドンオリンピックのシングルスに出場《しゅつじょう》することをめざした19歳《さい》の私《わたし》は、それまで、めぐまれた環境《かんきょう》でたくさん練習《れんしゅう》してきたから、自然《しぜん》と強《つよ》くなることができた。特別《とくべつ》な努力《どりょく》をしなくても、卓球《たっきゅう》に使《つか》ってきた時間《じかん》の差《さ》だけで、勝《か》てる試合《しあい》のほうが多《おお》かった気《き》がします。

でも、平野早矢香《ひらのさやか》さんと福原愛《ふくはらあい》さんに挑戦《ちょうせん》する「2枠《わく》」のシングルス出場権争《しゅつじょうけんあらそ》いは、それまでの戦《たたか》いとはぜんぜんちがうレベルのものでした。

それまでやってきた練習《れんしゅう》をくりかえしていても、ふたりにはぜったいに追《お》いつけないとわかっていました。だからといって、負《ま》けたくない。でも、勝《か》ちかたなんてわからない……。こうなったら、1日《にち》24時間《じかん》をぜんぶ卓球《たっきゅう》にささげて、ガムシャラにがんばって、いまの自分《じぶん》より何倍《なんばい》も強《つよ》くならなきゃいけない。そう思《おも》いました。

だから、私《わたし》は心《こころ》に決《き》めたんです。「いままでの10倍《ばい》、練習《れんしゅう》する」って。

オリンピックにはぜったいに出《で》たかったし、あきらめてしまったらくやしさが残《のこ》るだけ。やめるなんて選択肢《せんたくし》はないし、やるんだったら勝《か》たなきゃイヤ。それだったら、練《れん》習《しゅう》して、練習《れんしゅう》して、練習《れんしゅう》して、自分《じぶん》が強《つよ》くなって、めちゃくちゃ強《つよ》いふたりに勝負《しょうぶ》をいどむしかない。そう思《おも》ったから、「10倍《ばい》練習《れんしゅう》する」と決《き》めたんです。

がんばることは簡単《かんたん》じゃありません。がんばっても強《つよ》くなれるとはかぎらないし、成《せい》功《こう》するともかぎらない。自分《じぶん》ではどうにもならない、つらいことだってあるし、「こん

なにがんばって、意味《いみ》あるのかな？」と思《おも》ってしまうことだってきっとある。そんなとき、みんなならどうする？

私《わたし》は、そういう感情《かんじょう》をぜんぶ自分《じぶん》で消《け》しました。**「できないかも」なんて考《かんが》えない。だって、どれだけがんばってもダメかもしれないけれど、がんばらなきゃなにも始《はじ》まらないじゃん！　と、19歳《さい》の私《わたし》は、そう自分《じぶん》に言《い》い聞《き》かせていました。**

勝負《しょうぶ》の世界《せかい》は結果《けっか》がすべて。〝がんばること〟は評価《ひょうか》されないし、だれにもほめてもらえないかもしれない。けれど、それがあってはじめて結果《けっか》がついてくるとわかっているから、まずはがんばってみるしかない。

難《むずか》しいよね。でも、もし目標《もくひょう》を見《み》つけたら、まずはそこに向《む》かってがんばってみてください。それまでとはちがう自分《じぶん》が、なにか大《おお》きな変化《へんか》を生《う》み出《だ》してくれるかもしれないから。

ヒント 08

人生初《じんせいはつ》の骨折《こっせつ》！あの経験《けいけん》から伝《つた》えたいカラダとココロの話《はなし》。

ミズタニ先生《せんせい》からキミへ

自分《じぶん》のカラダを自分《じぶん》でつくる 結果的《けっかてき》にそれがココロも強《つよ》くする

スポーツ選手《せんしゅ》に「ざせつ」の経験《けいけん》はつきものだけれど、ぼくの場合《ばあい》、じつはそういう経験《けいけん》がほとんどないんだ。

ひとつだけ思《おも》いあたるのは、高校《こうこう》1年《ねん》のときに経験《けいけん》した疲労骨折《ひろうこっせつ》だ。はじめて経験《けいけん》した大《おお》きなケガで、いつもはプラス思考《しこう》のぼくも、さすがにこのときばかりは「この先《さき》、どうなっちゃうんだろう……」と少《すこ》しだけ不安《ふあん》になった。

原因《げんいん》のひとつは〝練習《れんしゅう》のしすぎ〟だ。でも、そのほかにも大《おお》きな問題《もんだい》があった。

ドイツで暮《く》らしていたぼくの食生活《しょくせいかつ》はひどいものだった。

毎日《まいにち》ジュース。毎日《まいにち》ハンバーガーとポテト。そうじゃなければピザとソーセージ。く

わしく検査《けんさ》してみると、ぼくの〝骨年齢《こつねんれい》〟はなんと「82歳《さい》くらい」ということがわかった。つまり、食生活《しょくせいかつ》のみだれによって、骨《ほね》が弱《よわ》くなっていたということだ。

ムリもない。ひどい食生活《しょくせいかつ》を送《おく》っていたことは自分《じぶん》が一番《いちばん》よく知《し》っている。病院《びょういん》の先生《せい》にそれを告《つ》げられたぼくは「やっぱりね」と納得《なっとく》するしかなかった。

当時《とうじ》の卓球界《たっきゅうかい》には「食事《しょくじ》」と「トレーニング」を結《むす》びつける考《かんが》えかたがなかった。「食事《しょくじ》も大切《たいせつ》なトレーニング」なんて、いちども言《い》われたことがなかったし、先輩《せんぱい》たちも同《おな》じように適当《てきとう》な食生活《しょくせいかつ》を送《おく》っていたと思《おも》う。大人《おとな》の人《ひと》から言《い》われていたのは、「よく食《た》べて、よく寝《ね》て、よく練習《れんしゅう》しろ」で、ほかになにも気《き》にすることなく、その言葉《ことば》どおりの毎日《まいにち》を過《す》ごしていた。好《す》きなものを適当《てきとう》に食《た》べて、好《す》きなものを適当《てきとう》に飲《の》む。そんな生活《せいかつ》をなんのうたがいもなく送《おく》っていたというわけだ。

疲労骨折《ひろうこっせつ》を告《つ》げられたぼくは……正直《しょうじき》なところ、すぐに切《き》りかえて「ラッキー！　これで練習休《れんしゅうやす》めるじゃん！」と思《おも》ってしまった。ケガをしたことで、全力《ぜんりょく》で練習《れんしゅう》に取《と》りく

めなくなってしまったし、それまでの調子《ちょうし》を維持《いじ》することができなかった。

ぼくの意識《いしき》はその程度《ていど》のケガをしたくらいじゃ変《か》わらなかった。本当《ほんとう》の意味《いみ》でアスリートらしい食生活《しょくせいかつ》を送《おく》るようになったのは、それから何年《なんねん》も先《さき》のことだ。

いま、スポーツをがんばっているみんなは、「カラダをつくる」ということをちゃんと考《かんが》えたことがあるかな？

ぼくが伝《つた》えたいのは、アスリートにとって自分《じぶん》のカラダは、そのスポーツを長《なが》く続《つづ》けたり、力《ちから》を最大限《さいだいげん》に発揮《はっき》したりするためにとても大切《たいせつ》な武器《ぶき》であるということだ。

きらいな食《た》べものだってあると思《おも》う。でも、もしもスポーツをもっとがんばりたいと思《おも》うなら、〝自分《じぶん》のカラダを自分《じぶん》でつくる〟ことにチャレンジしてみてほしい。

きっとそれは、心《こころ》をきたえることにもつながると思《おも》う。苦手《にがて》なことに向《む》き合《あ》い、克服《こくふく》するのってすごく大変《たいへん》なことだから。

中学生《ちゅうがくせい》、高校生《こうこうせい》のころのぼくはそれがまったくできなかった。だから、みんなにはカラダとココロをつなげる努力《どりょく》をしてみてほしい。

カスミの
こぼれ話《ばなし》コラム

カメラを向《む》けられて「うれしいな」と思《おも》っていた

「大人《おとな》の日本一決定戦《にほんいちけっていせん》」である全日本選手権《ぜんにほんせんしゅけん》にはじめて出場《しゅつじょう》したのは、小学《しょうがく》5年生《ねんせい》のときでした。6年生《ねんせい》のときには4回戦《かいせん》まで勝《か》ち上《あ》がることができて、気《き》づいたときにはテレビカメラに囲《かこ》まれていました。それから「天才少女《てんさいしょうじょ》」や「福原愛《ふくはらあい》ちゃん2世《せい》」と呼《よ》ばれるようになって、自分《じぶん》でもびっくりしていました。

そのころの私《わたし》がなにを考《かんが》えていたかというと、「みんなに話《はなし》を聞《き》いてもらえてうれしいな」ということでした。山口県《やまぐちけん》のいなかで育《そだ》った子《こ》どもだったから、テレビのことなんてよくわかってなかったんです。だからとにかく楽《たの》しかった。

なんとなく理解《りかい》しはじめたのは中学生《ちゅうがくせい》になってから。話《はなし》を聞《き》いてもらうのは好《す》きだったけれど、取材《しゅざい》を受《う》けてイヤな思《おも》いをしたり、思春期《ししゅんき》だから傷《きず》ついたこともありました。

選手《せんしゅ》として、最後《さいご》にたくさんのテレビカメラに囲《かこ》まれたのは引退発表《いんたいはっぴょう》の記者会見《きしゃかいけん》でした。現役時代《げんえきじだい》から「人前《ひとまえ》では泣《な》かない」と決《き》めていたので、泣《な》きそうになったけれど、ギリギリでがまんができてよかった。だって、テレビカメラの前《まえ》で泣《な》いたら、そこばっかり使《つか》われちゃうんだもん（笑《わらい》）。

小《ちい》さいころからたくさんの人《ひと》に注目《ちゅうもく》してもらって、応援《おうえん》してもらって、本当《ほんとう》にめぐまれた選手生活《せんしゅせいかつ》でした。

第《だい》3章《しょう》

自分《じぶん》らしく成長《せいちょう》するためのヒント

ヒント 09

卓球《たっきゅう》をずっと好《す》きでいたい。だから、ぼくは「要領《ようりょう》よく」サボっていた。

ミズタニ先生《ぜんせい》からキミへ

自分《じぶん》にとって一番《いちばん》いい練習《れんしゅう》って？ そこに全力《ぜんりょく》を出《だ》せればいい

ところで、みんなは練習《れんしゅう》が好《す》き？

卓球《たっきゅう》がうまくなりたいなら練習《れんしゅう》しなきゃいけない。人《ひと》よりたくさん努力《どりょく》しなくちゃいけない。それってあたりまえのことだよね。でも……。

子《こ》どものころのぼくは、じつは練習《れんしゅう》が大《だい》きらいだった。両親《りょうしん》にウソをついて練習《れんしゅう》をサボったことだって何度《なんど》もある。

中学《ちゅうがく》2年《ねん》でドイツにわたってからは、1年《ねん》のうち約《やく》9カ月《げつ》をドイツで過《す》ごし、残《のこ》りの3カ月《げつ》を日本《にほん》で過《す》ごすサイクルになった。

ドイツに行《い》っておどろいたのは、練習量《れんしゅうりょう》の少《すく》なさだ。

日本《にほん》に帰国《きこく》すると、朝《あさ》6時《じ》に起《お》きてトレーニングを30分《ぷん》。その後《ご》、朝《あさ》ごはんを食《た》べてから朝練習《あされんしゅう》を3時間《じかん》、午後練習《ごごれんしゅう》を4時間《じかん》、さらに居残《いのこ》り練習《れんしゅう》もあるほど、1日《にち》に多《おお》くの練習時間《れんしゅうじかん》があった。

ドイツはその半分《はんぶん》。なのに卓球《たっきゅう》のレベルは圧倒的《あっとうてき》にドイツのほうが高《たか》かったから、ぼくは思《おも》った。日本《にほん》では「うまくなりたいなら練習《れんしゅう》！」と言《い》われ続《つづ》けてきたのに、ドイツのほうが強《つよ》いじゃないか、と。

そんな気持《きも》ちで練習《れんしゅう》と向《む》き合《あ》っていたから、日本《にほん》にもどってくると、ぼくはよく練習《れんしゅう》をサボるようになった。

全部員《ぜんぶいん》が集《あつ》まる午後練習《ごごれんしゅう》。体育館《たいいくかん》には〝監督《かんとく》が座《すわ》っている場所《ばしょ》〟があって、その目《め》の前《まえ》には練習用《れんしゅうよう》の卓球台《たっきゅうだい》がある。でも、そこではだれも練習《れんしゅう》したがらない。

ぼくはいつも、あえてその卓球台《たっきゅうだい》を選《えら》んで練習《れんしゅう》していた。

すぐにサボりたくなる性格《せいかく》のぼくは、監督《かんとく》に見張《みは》られているくらいじゃないと、ちゃんと練習《れんしゅう》しない。監督《かんとく》に見《み》られているからこそ集中力《しゅうちゅうりょく》を高《たか》めて練習《れんしゅう》にのぞめるし、緊張《きんちょう》感《かん》があるほうが本番《ほんばん》に向《む》けて意味《いみ》のある練習《れんしゅう》になる。逆《ぎゃく》に、監督《かんとく》がいない居残《いのこ》り練習《れんしゅう》で

は、いつもちょっと手《て》を抜《ぬ》いていた。

日本《にほん》での朝練習《あされんしゅう》と居残《いのこ》り練習《れんしゅう》を、午後練習《ごごれんしゅう》と同《おな》じように真剣《しんけん》にやっていたら、もっとうまくなっていたのでは？　と聞《き》かれたことがある。

ぼくはそう思《おも》わない。もしもすべての練習《れんしゅう》に全力《ぜんりょく》で取《と》りくんでいたら、つらくなってしまって、きっと卓球《たっきゅう》がきらいになっていたにちがいない。

ぼくが伝《つた》えたいのは「練習《れんしゅう》をサボっていいよ」ということじゃない。もしも練習《れんしゅう》がつらくなってしまったら、〝自分《じぶん》にとって一番《いちばん》いい練習《れんしゅう》〟を考《かんが》えてみてほしい。

自分《じぶん》は心《こころ》が弱《よわ》い人間《にんげん》だから、そんな自分《じぶん》をふるいたたせるために監督《かんとく》の目《め》の前《まえ》で練習《れんしゅう》するようにした。そこで全力《ぜんりょく》を使《つか》うために、「必要《ひつよう》ない」と思《おも》った走《はし》るトレーニングでは力《ちから》を抜《ぬ》いてサボった。

そうやって、自分《じぶん》をコントロールしていたからずっと卓球《たっきゅう》を好《す》きでいられた。そうじゃなかったら、オリンピックで金《きん》メダルを取《と》れる選手《せんしゅ》にはなれなかった。

逆転《ぎゃくてん》するために
必要《ひつよう》なのは
自分《じぶん》の客観視《きゃっかんし》。
大丈夫《だいじょうぶ》、
私《わたし》、そんなに
悪《わる》くないよ！

自分《じぶん》で自分《じぶん》をダメにしない　じつは思《おも》っているほど悪《わる》くないよ！

カスミ先生《せんせい》からキミへ

みんなは、どんなプレースタイルの選手《せんしゅ》ですか？

どんなスポーツであれ、プレースタイルはその人《ひと》の性格《せいかく》によって変《か》わると思《おも》います。攻《せ》めるのが好《す》きな人《ひと》、守《まも》るのが好《す》きな人《ひと》、試合《しあい》の前半《ぜんはん》に強《つよ》い人《ひと》、後半《こうはん》に強《つよ》い人《ひと》、運動神経《うんどうしんけい》のよさを武器《ぶき》にした人《ひと》、冷静《れいせい》に試合《しあい》を分析《ぶんせき》しながら戦《たたか》う人《ひと》。いろんなタイプがいるなかで、私《わたし》はよく「逆転勝《ぎゃくてんが》ちが得意《とくい》な選手《せんしゅ》」と言《い》われていました。

だれよりも負《ま》けずぎらいな私《わたし》は、試合《しあい》になると「勝《か》ちたい」という気持《きも》ちが強《つよ》くあらわれすぎてしまうんです。だから、とくに選手《せんしゅ》としての経験《けいけん》が足《た》りなかった若《わか》いころは、リードしていると〝勝《か》ち〟を意識《いしき》しすぎて、自分《じぶん》で試合《しあい》を難《むずか》しくしてしまうことが

ありました。それは私《わたし》の弱点《じゃくてん》でした。
そんな弱点《じゃくてん》を克服《こくふく》するために、私《わたし》は試合中《しあいちゅう》にスコアを意識《いしき》することをやめました。**「いま●対《たい》●で勝《か》っている」という意識《いしき》を持《も》つことをやめて、〝次《つぎ》の1点《てん》〟を取《と》ることだけに集中《しゅうちゅう》することにしたんです。**
逆転勝《ぎゃくてんが》ちが増《ふ》えていったのは、そのころからでした。

〝次《つぎ》の1点《てん》〟を取《と》るために必要《ひつよう》なのは、その状況《じょうきょう》をおちついて分析《ぶんせき》することです。

どうしてリードされているのか。どうすれば悪《わる》い流《なが》れを変《か》えられるのか。どうすれば勝《か》てるのか。「このままじゃ負《ま》けてしまう」ではなく、「この流《なが》れを変《か》えるためにはどうすればいいだろう」とひたすら冷静《れいせい》に考《かんが》える。

卓球《たっきゅう》の場合《ばあい》、ラリー以外《いがい》の時間《じかん》、つまり〝なにもしていない時間《じかん》〟がじつはかなりありますよね。私《わたし》はその時間《じかん》を使《つか》って、いつも考《かんが》えていました。相手《あいて》のプレースタイル、自分《じぶん》のプレースタイル。正面《しょうめん》からぶつかったほうがいいのか、それともちがう方法《ほうほう》がいいのか。頭《あたま》のなかをフル回転《かいてん》させて、つねに勝《か》つ方法《ほうほう》をさぐっていました。

心《こころ》をおちつかせるのが難《むずか》しいときは、遠《とお》くから見《み》ている〝もうひとりの自分《じぶん》〟を意識《いしき》してみてください。

負《ま》けているときは自分《じぶん》がものすごく悪《わる》いプレーをしている気《き》がしちゃうけれど、あとから試合《しあい》の映像《えいぞう》を見《み》なおすと、じつはぜんぜん悪《わる》くなかったりする。つまり「悪《わる》いプレーをしている」と思《おも》いこんでしまっているだけ。私《わたし》はそれをよく知《し》っているから、遠《とお》くで見《み》ているもうひとりの自分《じぶん》に「大丈夫《だいじょうぶ》。私《わたし》のプレー、ぜんぜん悪《わる》くないよ！」とアドバイスを送《おく》ってもらって、心《こころ》をおちつかせていました。

その瞬間《しゅんかん》の状況《じょうきょう》がどんなに悪《わる》くても、自分《じぶん》で自分《じぶん》をダメにしない。「今日《きょう》はダメだ」なんてぜったいに思《おも》わない。遠《とお》くから見《み》てくれているもうひとりの自分《じぶん》は、自分《じぶん》のプレーがそんなに悪《わる》くないことを知《し》っているから、少《すこ》し冷静《れいせい》になって、どうやったら勝《か》てるかを考えてみてください。

それが、逆転《ぎゃくてん》勝《が》ちが得意《とくい》だった私《わたし》からみんなへのアドバイスです。

ヒント 11

リスクある選択《せんたく》は
ゴールへの近道《ちかみち》。
だから、ぼくは
みんなとちがう
道《みち》を選《えら》ぶ。

成長《せいちょう》するということは まだ知《し》らない自分《じぶん》に出会《であ》うこと

ミズタニ先生《せんせい》からキミへ

なにかに挑戦《ちょうせん》している途中《とちゅう》で、もしも目《め》の前《まえ》に大《おお》きなカベがあらわれたら……みんなだったらどうやってそれをのりこえようとする？

ぼくは、まずまわりを見《み》る。

もしもそのカベが、ぼくだけじゃなく、たくさんの人《ひと》にとってのカベだとしたら、みんながそれをのりこえるために、いろんな工夫《くふう》をしていると思《おも》う。まずはその様子《ようす》を見《み》て、じっくりと観察《かんさつ》する。

で、ぼくはその人《ひと》たちとちがうことをする。同《おな》じことはやらない。みんなが〝のりこえる工夫《くふう》〟をしていたら、たぶんぼくは地面《じめん》に穴《あな》をほってくぐろうとする。

ぼくはそういう性格《せいかく》だ。いつだって自分《じぶん》らしい方法《ほうほう》で挑戦《ちょうせん》したい。

子《こ》どものころから、いつも人《ひと》とちがうことをして生《い》きてきた。
どちらかを選《えら》べと言《い》われたら、いつも少数派《しょうすうは》の選択肢《せんたくし》を選《えら》ぶようにしている。
そうしてずっと少数派《しょうすうは》を選《えら》び続《つづ》ければ、最後《さいご》の最後《さいご》は自分《じぶん》ひとりしかのこらないと思《おも》うからだ。それって、つまり〝オンリーワン〟ということ。迷《まよ》ったり、選択《せんたく》をせまられたりしたときには、いつもかならず人《ひと》とちがう答《こた》えを持《も》つようにしてきた。

ドイツに留学《りゅうがく》しようと思《おも》ったのも、それが理由《りゆう》だった。

中学《ちゅうがく》2年《ねん》で親元《おやもと》をはなれてドイツに行《い》こうなんて、ほとんどの人《ひと》が考《かんが》えないと思《おも》う。

だからこそ、ぼくは「行《い》ってみたい」と思《おも》った。中国《ちゅうごく》リーグに挑戦《ちょうせん》したときも、ロシアリーグに挑戦《ちょうせん》したときも、理由《りゆう》は同《おな》じだ。


少数派《しょうすうは》になるってことは、もちろん簡単《かんたん》じゃない。

苦《くる》しいと感《かん》じることも、さびしいと感《かん》じることもたくさんある。でも、それでもがんばって努力《どりょく》し続《つづ》けると、少《すこ》しずつ光《ひかり》が見《み》えてくることがある。

苦《くる》しくても、さびしくても、がんばって、自分《じぶん》の力《ちから》で手《て》に入《い》れた成功《せいこう》のよろこびは特《とく》別《べつ》だ。ぼくはそれを味《あじ》わうことが好《す》きだ。

いつも安全《あんぜん》な場所《ばしょ》にいて〝できること〟だけをやっていても、それまでの自分《じぶん》とちがう自分《じぶん》に出会《であ》うことはできない。成長《せいちょう》するということは〝知《し》らなかった自分《じぶん》〟に出会《であ》うことだと思《おも》うからこそ、ぼくはいつだって少数派《しょうすうは》を選《えら》ぶ。リスクをおかして、自分《じぶん》らしい道《みち》を歩《ある》きたい。

いま、スポーツをがんばっているみんなは、成長《せいちょう》するためにどんな環境《かんきょう》で努力《どりょく》していますか？　その環境《かんきょう》が、もしもほかのだれかと同《おな》じ〝大多数派《だいたすうは》〟の選択肢《せんたくし》だとしたら、いつもとちがう〝少数派《しょうすうは》〟の選択肢《せんたくし》を意識《いしき》してみてほしい。

思《おも》いきってそれに取《と》りくんでみたら、いままで知《し》らなかったきみ自身《じしん》に出会《であ》えるかもしれないよ。ぼくは、それが「成長《せいちょう》」だと思《おも》う。

ヒント 12

目《め》の前《まえ》に
カベがあったら
ハシゴを持《も》ってくる。
いつだって一番《いちばん》
ラクで効率的《こうりつてき》な
方法《ほうほう》を考《かんが》えたい。

自分《じぶん》らしく、一番得意《いちばんとくい》な方法《ほうほう》で まずは突破口《とっぱこう》を探《さが》してみよう！

カスミ先生《せんせい》からキミへ

もしも、自分《じぶん》の目《め》の前《まえ》に大《おお》きなカベがあったら……。

みんなだったらどうする？　よじのぼってのりこえる？　大《おお》きなハンマーでこわしちゃう？　どうやってそのカベの向《む》こう側《がわ》に行《い》こうとするかな？

私《わたし》だったら……どうするだろう。たぶん、カベの大《おお》きさをちゃんと確認《かくにん》して、それをちゃんとのりこえられる大《おお》きさのハシゴを持《も》ってくると思《おも》います。

どうして？　って聞《き》かれたら、答《こた》えは「一番《いちばん》ラクそうだし、効率《こうりつ》がよさそうだから」。

だって、カベをのりこえることが目的《もくてき》なんだもん。できるだけ自分《じぶん》の体力《たいりょく》を使《つか》わずにのりこえられたら、それが一番《いちばん》いいでしょ？（笑《わら》）

同《おな》じ質問《しつもん》をされて、陸上《りくじょう》１００メートルの日本記録保持者《にほんきろくほじしゃ》である山縣亮太選手《やまがたりょうたせんしゅ》は「カ

べの材質《ざいしつ》を分析《ぶんせき》する」と答《こた》えたそうです。それから、女子柔道《じょしじゅうどう》の阿部詩選手《あべうたせんしゅ》は「こわす」と答《こた》えたそう。たぶん、人《ひと》によってぜんぜん答《こた》えがちがいますよね。十人十色《じゅうにんといろ》。みんなの答《こた》えが気《き》になるから、私《わたし》もいろんな人《ひと》に聞《き》いてみたい。

この質問《しつもん》の答《こた》えって、たぶんその人《ひと》のプレースタイルに近《ちか》い言葉《ことば》になると思《おも》うんです。私《わたし》は負《ま》けずぎらいで、とにかく勝《か》ち気《き》。だから真正面《ましょうめん》から相手《あいて》にぶつかっていくタイプなんだけど、〝力技《ちからわざ》〟で勝負《しょうぶ》するのではなく、一番《いちばん》ラクで、一番効率《いちばんこうりつ》のいい方法《ほうほう》でいどみたい。そういうタイプ。

２０１２年《ねん》のロンドンオリンピックで卓球日本代表《たっきゅうにほんだいひょう》チームの監督《かんとく》だった村上恭和《むらかみやすかず》さんに、いつも言《い》われていました。平野早矢香《ひらのさやか》さんと福原愛《ふくはらあい》さん、それから私《わたし》の3人《にん》のなかで、「一番《いちばん》、気《き》が強《つよ》いのは佳純《かすみ》だよ」って。監督《かんとく》は笑《わら》いながらそう言《い》っていたけれど、じつは、自分《じぶん》でも「そうかもしれない」と思《おも》っていました。

でも、それって、たぶん私《わたし》のプレースタイルであり、きっと一番《いちばん》の特長《とくちょう》でもあるんですよね。だから、試合中《しあいちゅう》にピンチになったらそのことを思《おも》い出《だ》すんです。自分《じぶん》のいいと

ころ、相手《あいて》にとってイヤなところは、だれよりも負《ま》けずぎらいで、勝《か》ち気《き》で、正面《しょうめん》からぶつかっていくのに、効率《こうりつ》のいい方法《ほうほう》を選択《せんたく》するところだって。

現役時代《げんえきじだい》の映像《えいぞう》を見《み》て、そういう〝勝《か》ち気《き》スイッチ〟が入《はい》っているときの私《わたし》の顔《かお》を見《み》るたびに「あの顔《かお》はもうできない！」と笑《わら》ってしまいます。

ぜったいに負《ま》けたくないと思《おも》っていて、でもちょっと困《こま》っていて、なんとかして勝《か》つための方法《ほうほう》を探《さが》して集中《しゅうちゅう》している顔《かお》。まさに目《め》の前《まえ》にある大《おお》きなカベにハシゴをかけてのぼろうとしているあの顔《かお》をしているときの私《わたし》は、私《わたし》らしくてきらいじゃない。現役《げんえき》を引退《いんたい》して、もうあの顔《かお》ができなくなってしまったことがちょっとだけさびしい。

もしも目《め》の前《まえ》に大《おお》きなカベがあったら、みんなもぜひ、一番自分《いちばんじぶん》らしい方法《ほうほう》で向《む》き合《あ》ってみてください。こわそうとしたっていい。考《かんが》えこんだっていい。それが自分《じぶん》にとって一番得意《いちばんとくい》な方法《ほうほう》なら、きっと突破口《とっぱこう》が見《み》つかると思《おも》うんです。

ヒント 13

天才《てんさい》を演《えん》じる スイッチが 試合《しあい》でぜったいに 手《て》を抜《ぬ》かない 自分《じぶん》をつくる。

勝負《しょうぶ》は一瞬《いっしゅん》で決《き》まるもの だから「スイッチ」を入《い》れよう

ミズタニ先生《せんせい》からキミへ

〝演《えん》じる〟って、すごく大切《たいせつ》なことだと思《おも》う。

ぼくは、子《こ》どものころから「天才《てんさい》」と言《い》われてきた。でも、本当《ほんとう》に天才《てんさい》なんだろうか。

もちろんちがう。

「アイツは天才《てんさい》だから強《つよ》い」「アイツは練習《れんしゅう》しなくても強《つよ》い」。

そう思《おも》われるように、〝天才《てんさい》の自分《じぶん》〟を演《えん》じてきただけだ。

きっと、みんなのまわりにもいると思《おも》う。

テストの前《まえ》に「ぜんぜん勉強《べんきょう》してないんだよ」と言《い》ってたのに、１００点《てん》を取《と》っちゃうクラスメイト。そういう子《こ》が近《ちか》くにいると、なぜか勉強《べんきょう》する気《き》がなくなっちゃったり

するよね。ぼくのねらいも、まさにそこにあった。

水谷《みずたに》は練習《れんしゅう》しなくても強《つよ》い。天才《てんさい》だから勝《か》てない。そう思《おも》わせることができたら、もしかしたらライバルたちは試合中《しあいちゅう》にあきらめてくれるかもしれない。ぼくに勝《か》つために一生懸命《いっしょうけんめい》に練習《れんしゅう》しないかもしれない。だからぼくは、〝みんなに見《み》られているところ〟では練習《れんしゅう》がきらいな自分《じぶん》を演《えん》じてみたり、だらしない自分《じぶん》を演《えん》じてみたりもした。

こうしてみんなに話《はな》しているいまも、卓球選手《たっきゅうせんしゅ》である自分《じぶん》を〝演《えん》じて〟いる。

本当《ほんとう》はものしずかで人《ひと》とコミュニケーションをとることが得意《とくい》ではないぼくは、〝卓球《たっきゅう》モード〟になるとスイッチが入《はい》る。スイッチを入《い》れなきゃ、勝負《しょうぶ》の世界《せかい》では勝《か》てないからだ。

高校生《こうこうせい》のとき、寮《りょう》のルームメイトでとても仲《なか》のいい先輩《せんぱい》がいた。いつもいっしょに練《れん》習《しゅう》をして、「ふたりで日本一《にほんいち》になろう」なんて話《はなし》をよくしていた。

その先輩《せんぱい》と、全国大会《ぜんこくたいかい》の舞台《ぶたい》で対戦《たいせん》することになった。

実力的《じつりょくてき》にはぼくのほうが上《うえ》だった。試合《しあい》が始《はじ》まって、ぼくがリードしてゲームカウントが3—0になった。次《つぎ》のゲームを取《と》ればぼくの勝《か》ちだ。

でも、気《き》づいたとき、あとひとつで勝敗《しょうはい》が決《き》まるマッチポイントをにぎっていたのは、ぼくじゃなく先輩《せんぱい》のほうだった。

ハッとした。ぼくは試合《しあい》の途中《とちゅう》で、先輩《せんぱい》に対《たい》して「かわいそうだな」と同情《どうじょう》した。だから「いっしょに練習《れんしゅう》してきた仲《なか》だし、1ゲームくらい取《と》られてもいいか」と思《おも》ったことだけはおぼえている。

でも、気《き》づいたら相手《あいて》にマッチポイントをにぎられていた。結局《けっきょく》、最後《さいご》の最後《さいご》でぼくが勝《か》つんだけど、一瞬《いっしゅん》の気《き》のゆるみで流《なが》れが変《か》わってしまう試合《しあい》のこわさをはじめて知《し》った気《き》がした。

だから、ぼくは、いつも演《えん》じる。スイッチを入《い》れる。勝《か》つためにはそれが必要《ひつよう》だと知《し》っているからだ。

ヒント 14

準備《じゅんび》は慎重《しんちょう》に、
本番《ほんばん》は大胆《だいたん》に。
練習《れんしゅう》は「勝《か》てる」
と思《おも》える根拠《こんきょ》を
増《ふ》やすためにある。

カスミ先生《せんせい》からキミへ

これだけ準備《じゅんび》したんだから勝《か》つべき！ そう思《おも》えるだけの練習《れんしゅう》をしよう

「スポーツはメンタルの勝負《しょうぶ》」って、よく言《い》いますよね。心《こころ》と心《こころ》の勝負《しょうぶ》。私《わたし》もそう思《おも》うし、だからスポーツはおもしろいんだと思《おも》います。

心《こころ》の強《つよ》さは人《ひと》それぞれかもしれません。もちろん生《う》まれつき心《こころ》が強《つよ》い人《ひと》はいるかもしれないけれど、だからといって、それだけで勝《か》てるわけじゃない。大舞台《おおぶたい》でも「まったく緊張《きんちょう》しない！」と言《い》い切《き》れる人《ひと》は多《おお》くないはずだし、緊張《きんちょう》を力《ちから》に変《か》えられる人《ひと》だっていると思《おも》います。

だから、大切《たいせつ》なのはメンタルを自分《じぶん》でコントロールできるようになること。ピンチをむかえて開《ひら》き直《なお》ったり、勝負《しょうぶ》どころで強気《つよき》になれたり、そうやって必要《ひつよう》に応《おう》じて〝心《こころ》の大《おお》きさ〟を調整《ちょうせい》できるようになることが、アスリートにとって理想的《りそうてき》なんじゃ

ないかと私《わたし》は思《おも》います。

メンタルをコントロールする方法《ほうほう》のひとつとして、試合中《しあいちゅう》の私《わたし》は、いつも自分《じぶん》に「自《じ》分《ぶん》が勝《か》つべきだ！」と言《い》い聞《き》かせていました。

それって、すごくえらそうで、自分本位《じぶんほんい》で、ごうまんな考《かんが》えかたに聞《き》こえますよね。

私《わたし》も卓球《たっきゅう》の試合《しあい》じゃなかったら、そんなことぜったいに考《かんが》えられない。

だって、普段《ふだん》の私《わたし》は試合中《しあいちゅう》とはまるで別人《べつじん》のように〝ぐうたら〟だから。すぐに飽《あ》きちゃうし、サボるし、自分《じぶん》にきびしくなんてない。**そんな私《わたし》が「自分《じぶん》が勝《か》つべき」と自《じ》分《ぶん》を信《しん》じられるのは、これだけ練習《れんしゅう》してきた、これだけ準備《じゅんび》してきた、これだけ自分《じぶん》を律《りつ》してがんばってきた、という根拠《こんきょ》があるからです。**

私《わたし》の練習《れんしゅう》は〝ただの練習《れんしゅう》〟じゃありません。〝勝《か》つための練習《れんしゅう》〟です。

少《すこ》し残念《ざんねん》だけど、私《わたし》は「努力《どりょく》はかならず実《みの》る」とは思《おも》いません。大切《たいせつ》なのは練習時間《れんしゅうじかん》の長《なが》さではなく練習《れんしゅう》の質《しつ》。そこに向《む》かう集中力《しゅうちゅうりょく》。自分《じぶん》なりに工夫《くふう》すれば、その質《しつ》はどんどん上《あ》げられるし、質《しつ》の高《たか》い練習《れんしゅう》は自信《じしん》になる。「自分《じぶん》が勝《か》つべき」と思《おも》える根拠《こんきょ》になる。だから、私《わたし》はいつも〝勝《か》つための練習《れんしゅう》〟にこだわっていました。

逆《ぎゃく》に、それがないと自分自身《じぶんじしん》を信《しん》じることができないから、私《わたし》はぜったいに準備《じゅんび》をサボりません。けっしてあなどらず、おごらず、慎重《しんちょう》に準備《じゅんび》します。それだけは心《こころ》にちかっていました。

そして、根拠《こんきょ》があるからこそ、勝負《しょうぶ》の舞台《ぶたい》では「慎重《しんちょう》に」ではなく「大胆《だいたん》に」戦《たたか》います。**「自分《じぶん》が勝《か》つべきだ」と信《しん》じて、小《ちい》さな心《こころ》をめいっぱい大《おお》きくふくらませる。試合《しあい》の展開《てんかい》を見《み》きわめながら、心《こころ》の大《おお》きさを調整《ちょうせい》して相手《あいて》や自分《じぶん》と向《む》き合《あ》う。それが、私《わたし》にとってのメンタルコントロールでした。**

みんなもぜひ、試合中《しあいちゅう》に本気《ほんき》で「自分《じぶん》が勝《か》つべきだ！」と思《おも》えるような準備《じゅんび》をしてみてください。その根拠《こんきょ》を持《も》つことができたら、心《こころ》の大《おお》きさをコントロールしながら戦《たたか》う試合《しあい》がもっともっと楽《たの》しくなると思《おも》います。

ミズタニの
こぼれ話《ばなし》コラム

“どっちがカッコいいか”は大切《たいせつ》なモノサシ

中学《ちゅうがく》2年《ねん》のときに地元《じもと》の静岡県磐田市《しずおかけんいわたし》の中学《ちゅうがく》から青森県《あおもりけん》の青《あお》森山田《もりやまだ》中学《ちゅうがく》に転校《てんこう》した理由《りゆう》は、ドイツ留学《りゅうがく》を実現《じつげん》させるためだった。じつは青森山田《あおもりやまだ》には中学《ちゅうがく》1年《ねん》のときにも声《こえ》をかけてもらっていたんだけど、そのときは断《ことわ》った。なぜかというと、「どっちがカッコいいか」を考《かんが》えたからだ。

青森山田《あおもりやまだ》中学《ちゅうがく》は、全国《ぜんこく》からエリートが集《あつ》まるすごいチームだ。ふつうは「レベルが高《たか》い環境《かんきょう》で練習《れんしゅう》すればもっとうまくなれる」と考《かんが》えるから、さそいを断《ことわ》る人《ひと》は少《すく》ないのかもしれない。でも、ぼくは「強豪《きょうごう》の一員《いちいん》になるより、強豪《きょうごう》をたおすチームの一員《いちいん》でいたい」と考《かんが》えて、いくつも届《とど》いた強豪校《きょうごうこう》からのさそいをぜんぶ断《ことわ》った。みんなはどう思《おも》う？　強《つよ》いチームの一員《いちいん》になりたい？　それとも、ぼくと同《おな》じ？

いまになって思《おも》えば「マンガの読《よ》みすぎだったのかも」なんて笑《わら》っちゃうけれど、“カッコよさ”はぼくにとっていつも重要《じゅうよう》なモノサシだった。なにかを決《き》めなきゃいけないときは、いつもかならず「自分《じぶん》にとって“カッコいい”と思《おも》えるかどうか」を考《かんが》える。カッコ悪《わる》いことはしたくない。だから、いちど決《き》めたら最後《さいご》までやりとおす。その考《かんが》えかたは、大人《おとな》になったいまでもずっと変《か》わらない。ぼくにとって、とても大切《たいせつ》なポリシーだ。

第《だい》4章《しょう》

緊張《きんちょう》やミスをのりこえるためのヒント

ヒント 15

緊張《きんちょう》は
考《かんが》えかたしだいで
克服《こくふく》できる。
いつかきっと
緊張《きんちょう》を味方《みかた》に
できるよ！

カスミ先生《せんせい》からキミへ

いま感《かん》じている緊張《きんちょう》は がんばるほど小《ちい》さくなっていくもの

試合《しあい》って、やっぱり緊張《きんちょう》するよね。だって、勝《か》ちたいんだもん。そのために練習《れんしゅう》してきたんだもん。緊張《きんちょう》してあたりまえだよね。すごくよくわかる。

私《わたし》、子《こ》どものころはぜんぜん緊張《きんちょう》しなかったんです。たぶん、だれよりもたくさん練《れん》習《しゅう》していたし、ぜったいに自分《じぶん》のほうが強《つよ》いと信《しん》じていたから、試合《しあい》になっても緊張《きんちょう》しなかったんだと思《おも》う。「負《ま》けるかも」と思《おも》わなかったのかもしれません。

でも、そんな私《わたし》でも、大人《おとな》になって「ぜったいに失敗《しっぱい》できない」という試合《しあい》に出場《しゅつじょう》したり、プレッシャーを感《かん》じたりするようになってから、試合《しあい》をむかえると緊張《きんちょう》するようになりました。同《おな》じような感覚《かんかく》を持《も》っている選手《せんしゅ》を、ほかにも知《し》っています。

その経験《けいけん》から私《わたし》がみんなに伝《つた》えたいのは、「だれだっていつか緊張《きんちょう》する」ということです。

「試合《しあい》になると緊張《きんちょう》しちゃう」となやんでいる小学生《しょうがくせい》や中学生《ちゅうがくせい》のみんなには、「大丈夫《だいじょうぶ》、大人《おとな》になったら緊張《きんちょう》が小《ちい》さくなるよ！」と伝《つた》えたい。逆《ぎゃく》に、私《わたし》と同《おな》じように「試合《しあい》になってもぜんぜん緊張《きんちょう》しない」というみんなには、「大人《おとな》になったら緊張《きんちょう》で押《お》しつぶされそうになる試合《しあい》が待《ま》ってるから心《こころ》の準備《じゅんび》をしておいて！」と伝《つた》えたい。

スポーツの世界《せかい》で高《たか》いレベルをめざすなら、だれもが同《おな》じように経験《けいけん》しなければならないことがあると思《おも》っています。「緊張《きんちょう》」もそのひとつ。先《さき》かあとかのちがいはあっても、だれだっていつか緊張《きんちょう》と向《む》き合《あ》わなきゃいけないときがきます。どうですか？「いつかこの緊張《きんちょう》がなくなる」と思《おも》えたら、少《すこ》しラクな気持《きも》ちでプレーできるかな？

緊張《きんちょう》のせいで思《おも》うようにプレーすることができない。そう思《おも》っている人《ひと》は、「緊張《きんちょう》したときにできることが自分《じぶん》の実力《じつりょく》」と考《かんが》えてみてください。

もしその実力《じつりょく》が足《た》りないのなら、とことん練習《れんしゅう》をして、緊張《きんちょう》をふきとばせるくらいの

自信《じしん》をつけるしかない。そうやって覚悟《かくご》を決《き》めて、練習《れんしゅう》して、克服《こくふく》して身《み》につけた技術《ぎじゅつ》はぜったいになくならない武器《ぶき》になるはずです。

もちろん簡単《かんたん》じゃありません。卓球《たっきゅう》をプレーしているあいだは考《かんが》えている時間《じかん》がほとんどないから、頭《あたま》で考《かんが》えなくてもできるプレーを身《み》につけるためにはかなりの時間《じかん》をかけた練習《れんしゅう》が必要《ひつよう》だと思《おも》います。

でも、ちょっと想像《そうぞう》してみて。もしも体《からだ》が勝手《かって》に反応《はんのう》しちゃうようなプレーを身《み》につけることができたとしたら、さっきまで感《かん》じていた緊張《きんちょう》なんてどこかに消《き》えちゃうんじゃないかな。

いま、対戦相手《たいせんあいて》を目《め》の前《まえ》にして感《かん》じている緊張《きんちょう》は、大《おお》きな目標《もくひょう》を持《も》って、たくさん練《れん》習《しゅう》してそこに向《む》かうほどに小《ちい》さくなるものだと私《わたし》は思《おも》います。緊張《きんちょう》しているときの自分《じぶん》が、本当《ほんとう》の自分《じぶん》。それでも自信《じしん》を持《も》ってラケットをにぎれるように、たくさん練習《れんしゅう》しなきゃね！

緊張《きんちょう》している自分《じぶん》こそ
本当《ほんとう》の自分《じぶん》。
どうせ緊張《きんちょう》
するんだから、
リラックス！

ミズタニ先生《ぜんせい》からキミへ

**試合《しあい》で緊張《きんちょう》しない人《ひと》なんていない
努力《どりょく》したぶんだけ緊張《きんちょう》するもの**

試合《しあい》になったら、みんなは緊張《きんちょう》する？

たぶん、ほとんどの人《ひと》が緊張《きんちょう》するよね。ぼくもそう。

ただ、ぼくの場合《ばあい》、緊張《きんちょう》によって相手《あいて》と戦《たたか》う気持《きも》ちが小《ちい》さくなることはほとんどない。

「試合《しあい》で緊張《きんちょう》するのはあたりまえ」

「緊張《きんちょう》した状態《じょうたい》のパフォーマンスが、本当《ほんとう》の自分《じぶん》の実力《じつりょく》」

そう思《おも》うようになってから、〝緊張《きんちょう》すること〟に対《たい》して「だからなに？」という感《かん》じで気《き》にならなくなった。とくに、プロの世界《せかい》で「緊張《きんちょう》したから負《ま》けた」なんて言《い》いわけは通用《つうよう》しない。緊張《きんちょう》もふくめて、それが自分《じぶん》の実力《じつりょく》。それを理解《りかい》できなきゃ、プロの世《せ》界《かい》では生《い》きのこっていけないとぼくは思《おも》う。

まだプロじゃないみんなに伝《つた》えたいのは、「まわりを見《み》てみて。緊張《きんちょう》しているのはきみだけじゃないよ！」ということだ。

毎日《まいにち》、一生懸命《いっしょうけんめい》に練習《れんしゅう》しているんだから、だれだって試合《しあい》に勝《か》ちたい。その思《おも》いが強《つよ》いからこそ、試合《しあい》になると緊張《きんちょう》する。

でも、それは目《め》の前《まえ》にいる対戦相手《たいせんあいて》だって同《おな》じこと。自分《じぶん》だけじゃない。「もしかしたら相手《あいて》のほうが緊張《きんちょう》しているかも」と思《おも》えたら、気持《きも》ちが少《すこ》しラクになるかもしれないね。

まあ、こうしてアドバイスしているぼくも、じつは、試合《しあい》になるとものすごく緊張《きんちょう》するタイプで、なやんでいた時期《じき》があった。

２０１２年《ねん》のロンドンオリンピックは緊張《きんちょう》しすぎて大失敗《だいしっぱい》。その反省《はんせい》をいかすためにいろいろな講座《こうざ》を受《う》けたり、本《ほん》を読《よ》んだり、たくさん勉強《べんきょう》して「心《こころ》」について学《まな》んだ。見《み》つけた解決策《かいけつさく》は、できるだけ試合《しあい》と同《おな》じ緊張感《きんちょうかん》で、いつもの練習《れんしゅう》に取《と》りくむこと。

だから「緊張《きんちょう》は必要《ひつよう》なもの」と考《かんが》えるようになった。これで一気《いっき》に解決《かいけつ》した。

試合《しあい》に勝《か》ちたいから練習《れんしゅう》する。努力《どりょく》したぶんだけ緊張《きんちょう》する。だから、だれだって緊張《きんちょう》するからこそ、「緊張《きんちょう》との向《む》き合《あ》いかた」がとても大切《たいせつ》だよね。

もしも緊張《きんちょう》しなかったら？　ぼくの実力《じつりょく》なら……もしかしたら、もっとたくさんのメダルを取《と》っていたかもしれないね（笑《わらい》）。

でも、試合《しあい》で緊張《きんちょう》しない人《ひと》なんてぜったいにいない。どこにもいない。世界《せかい》のトップレベルで戦《たたか》ってきたぼくが言《い》うんだから本当《ほんとう》だよ。

強《つよ》い人《ひと》は、緊張《きんちょう》しないから強《つよ》いんじゃない。緊張《きんちょう》しても強《つよ》いから、結果《けっか》をのこせるんだとぼくは思《おも》う。

ヒント 17

ミスの反省《はんせい》は
試合《しあい》が
終《お》わってから。
試合中《しあいちゅう》は、
次《つぎ》の成功《せいこう》のため
修正《しゅうせい》あるのみ！

カスミ先生《せんせい》からキミへ

ミスは修正《しゅうせい》すれば次《つぎ》はふせげる 試合中《しあいちゅう》は「気《き》のせい」でのりきろう！

緊張《きんちょう》したり、よろこんだり、くやしがったり、悲《かな》しんだり、興奮《こうふん》したり。試合《しあい》でのメンタルコントロールって、心《こころ》の動《うご》きのふれ幅《はば》が大《おお》きいから、本当《ほんとう》に難《むずか》しいですよね。

現役引退《げんえきいんたい》を決断《けつだん》した30歳《さい》の私《わたし》も、かんぺきなメンタルコントロールができていたわけじゃありません。試合《しあい》になれば「私《わたし》が勝《か》つべき！」と強《つよ》く思《おも》うようにしていたけれど、相手《あいて》の強《つよ》さを感《かん》じたり、自分《じぶん》の弱《よわ》さを感《かん》じた瞬間《しゅんかん》に、自分《じぶん》を信《しん》じることができなくなりそうなことだってもちろんありました。

「勝《か》てないかも……」

そんな思《おも》いがよぎりそうになったら、いつも自分《じぶん》に言《い》い聞《き》かせるんです。

「気《き》のせい。気《き》のせい。気《き》のせい。うまくいかないことは、試合《しあい》が終《お》わってから考《かんが》えよう」

試合《しあい》では、練習《れんしゅう》では起《お》きないミスが起《お》きることだってあります。そんなとき、みんなならどう感《かん》じる？　「ヤバい」と思《おも》っておちこんだり、「まずい」と感《かん》じてあせったりするよね。

私《わたし》からのアドバイスはふたつ。まずは「気《き》のせい」と言《い》い聞《き》かせて気《き》にしないこと。もうひとつは、同《おな》じミスが起《お》こらないようにちゃんと修正《しゅうせい》すること。そのための意識《いしき》をはたらかせること。

大丈夫《だいじょうぶ》。ミスは自分《じぶん》が起《お》こすものだから、自分《じぶん》が修正《しゅうせい》すれば次《つぎ》はかならずふせげる。ほんの少《すこ》しだけ調整《ちょうせい》することができれば、さっきのミスを気《き》にする必要《ひつよう》なんてなくなってしまうと私《わたし》は思《おも》います。もしも〝調整《ちょうせい》〟してもうまくいかなかったとしたら、次《つぎ》はちょっと大胆《だいたん》にやりかたを変《か》えてみて。フォアハンドでのレシーブをどんなに調整《ちょうせい》してもうまくいかないなら、次《つぎ》はバックハンドに変《か》えてみる。それくらいの変化《へんか》があってもいいと思《おも》います。

だから、たったひとつのミスで「もうダメだ」なんて思《おも》わないで。私《わたし》はどれだけ大《おお》きなミスをしても、たとえ同《おな》じミスをくりかえしてしまっても、「ぜんぜん大丈夫《だいじょうぶ》。自分《じぶん》が悪《わる》いわけじゃない。終《お》わってから考《かんが》えればいいや」と思《おも》って、次《つぎ》のプレーに向《む》かっていました。

そのかわり、試合《しあい》が終《お》わったらたくさん練習《れんしゅう》するんです。そのくりかえし。そうやって〝できないこと〟をひとつずつ減《へ》らしていけば、少《すこ》しずつ自分《じぶん》のレベルが上《あ》がっていくと信《しん》じて。

ちなみに……ミスを「気《き》のせい」にすることが得意《とくい》な私《わたし》だって、試合《しあい》に負《ま》ければちゃんとおちこみます。しかも、かなり引《ひ》きずります。それでも、また「私《わたし》が勝《か》つべき！」と思《おも》えるだけの練習《れんしゅう》をして、何度《なんど》でもあきらめずに、ずっと自分自身《じぶんじしん》と戦《たたか》っていた気《き》がします。

ヒント 18

試合《しあい》が始《はじ》まったら
ミスは
ふりかえらない。
スポーツは
技術《ぎじゅつ》や体力《たいりょく》より
「心《こころ》」の勝負《しょうぶ》！

ミズタニ先生《せんせい》からキミへ

だれだってミスをする「ヤバい」は心《こころ》のスキになる

やっぱり、スポーツは〝心《こころ》の勝負《しょうぶ》〟だとぼくは思《おも》う。

卓球《たっきゅう》のような対人競技《たいじんきょうぎ》はとくにそうだ。自分《じぶん》を演《えん》じて、まったく緊張《きんちょう》していないように見《み》せてみたり、わざとイライラしているフリをしてみたり。そうやって相手《あいて》に〝心《こころ》の勝負《しょうぶ》〟をしかけて、ミスをさそおうとする。

忘《わす》れられないのは2012年《ねん》のロンドンオリンピックのこと。世界《せかい》ランキング4位《い》で第《だい》3シードだったぼくは、メダル獲得候補《かくとくこうほ》のひとりにあげられていた。当時《とうじ》23歳《さい》。オリンピック直前《ちょくぜん》の大会《たいかい》でも優勝《ゆうしょう》していて、とにかく調子《ちょうし》がよかったから、自分《じぶん》でも「いけるかもしれない」と思《おも》っていた。

むかえたオリンピック本番《ほんばん》。シングルス4回戦《かいせん》（ベスト16）で対戦《たいせん》したのは、直前《ちょくぜん》の大会《たいかい》でストレート勝《が》ちしていた相手《あいて》だった。それなのに、オリンピック本番《ほんばん》ではまさかのストレート負《ま》け。力《ちから》を出《だ》しきることなく、ぼくにとって2回目《かいめ》のオリンピック、シングルスの戦《たたか》いは終《お》わった。

この試合《しあい》で感《かん》じたのは、ぼく自身《じしん》が、オリンピックの大舞台《おおぶたい》で感《かん》じる緊張《きんちょう》をコントロールできなかったこと。それから、試合中《しあいちゅう》に起《お》こるミスによってネガティブな気持《きも》ちになり、それを立《た》て直《なお》すことができないまま〝心《こころ》の勝負《しょうぶ》〟にやぶれたことだ。

だれだってミスをする。ミスをすればショックを受《う》ける。大切《たいせつ》なのはそのショックをどう受《う》け止《と》めるかなんだけど、当時《とうじ》のぼくは「やってしまった」「どうしよう」というネガティブな気持《きも》ちをうまく消《け》すことができなかった。

心《こころ》の強《つよ》さは目《め》に見《み》えない。目《め》に見《み》えないからコントロールするのが難《むずか》しい。コントロールするのが難《むずか》しいからこそ、試合《しあい》では〝心《こころ》の強《つよ》さ〟が勝敗《しょうはい》をわける。

みんなも感《かん》じたことがあるかもしれないけれど、レベルが上《あ》がるほど、相手《あいて》は自分《じぶん》の心《こころ》の変化《へんか》を読《よ》み取《と》ろうとするし、自分《じぶん》も相手《あいて》の心《こころ》の変化《へんか》を読《よ》み取《と》ろうとする。だから、「ヤバい」「もうダメだ」というネガティブな気持《きも》ちは〝心《こころ》のスキ〟になってしまうんだよね。試合中《しあいちゅう》はどんなに苦《くる》しい状況《じょうきょう》でも「ぜったいに勝《か》てる」「自分《じぶん》ならできる」というポジティブな気持《きも》ちを持《も》ち続《つづ》けなきゃいけない。その前向《まえむ》きな気持《きも》ちが、こんどは相《あい》手《て》の心《こころ》のスキをつくる武器《ぶき》になる。

ぼくは、試合中《しあいちゅう》にミスをふりかえらない。過《す》ぎたことをふりかえらない。起《お》きてしまったことをすべて受《う》け入《い》れて、前向《まえむ》きな姿勢《しせい》をつらぬく。スポーツは心《こころ》の勝負《しょうぶ》だから、最後《さいご》までぜったいにあきらめないし、自分《じぶん》の力《ちから》を信《しん》じて戦《たたか》い続《つづ》けるんだ。

カスミの
こぼれ話《ばなし》コラム

小学《しょうがく》3年生《ねんせい》のとき、自宅《じたく》に練習場《れんしゅうじょう》ができた！

元卓球選手《もとたっきゅうせんしゅ》のお父《とう》さんとお母《かあ》さんは、卓球《たっきゅう》クラブを運営《うんえい》していました。その影響《えいきょう》で、私《わたし》は7歳《さい》から卓球《たっきゅう》を始《はじ》めました。それから2年後《ねんご》、小学校《しょうがっこう》3年生《ねんせい》のとき、お母《かあ》さんに「引《ひ》っ越《こ》すよ」と言《い》われて新《あたら》しい家《いえ》の設計図《せっけいず》を見《み》せてもらいました。そうしたら、なんと1階《かい》が卓球《たっきゅう》の練習場《れんしゅうじょう》だったんです。私《わたし》は聞《き》きました。

「えー！　家《いえ》の中《なか》に練習場《れんしゅうじょう》があるの？」

お母《かあ》さんは言《い》いました。

「あれ？　言《い》ってなかったっけ？」

心《こころ》のなかで「もうやめられない……」と思《おも》ったことを、いまでもはっきりとおぼえています（笑《わらい》）。

大人《おとな》になってから、その卓球場《たっきゅうじょう》をつくった理由《りゆう》の半分《はんぶん》が「私《わたし》のため」であったことを知《し》りました。それまでの練習場《れんしゅうじょう》は車《くるま》で30分《ぷん》。少《すこ》しでも練習時間《れんしゅうじかん》を増《ふ》やすために、お父《とう》さんとお母《かあ》さんは自宅《じたく》に練習場《れんしゅうじょう》をつくったのです。でも、ふたりともそんなことはひとことも言《い》わなかった。

すごいなあ、と思《おも》います。もし逆《ぎゃく》の立場《たちば》だったら、子《こ》どものためとはいえ、自分《じぶん》にそこまでできるかわかりません。だからといってプレッシャーを与《あた》えず、のびのびと卓球《たっきゅう》を楽《たの》しませてくれたお父《とう》さんとお母《かあ》さんに、心《こころ》から感謝《かんしゃ》しています。

第《だい》 5 章《しょう》

たくましいメンタルを
はぐくむためのヒント

ヒント 19

ロンドン後《ご》に大《だい》スランプ！「ひとりきりで戦《たたか》う」という覚悟《かくご》がぼくの心《こころ》を変《か》えた。

ミズタニ先生《せんせい》からキミへ

ひとりで戦《たたか》うのはこわいけれど それで手《て》に入《はい》る強《つよ》さもある

オリンピックに4度《ど》も出場《しゅつじょう》できた経験《けいけん》は、ぼくにとって特別《とくべつ》な宝物《たからもの》だ。それぞれの大会《たいかい》に思《おも》い出《で》があって、ぼくにとってはそれぞれにちがう重《おも》みがある。

1回目《かいめ》は2008年《ねん》の北京大会《ペキンたいかい》。19歳《さい》のぼくはまだぜんぜん強《つよ》くなくて、出場《しゅつじょう》できたことがとにかくうれしかった。メダルを意識《いしき》したことなんて、もちろんなかった。

だけど、日本《にほん》チームは団体戦《だんたいせん》で準決勝《じゅんけっしょう》まで勝《か》ち上《あ》がった。相手《あいて》はドイツ。勝負《しょうぶ》は最後《さいご》の第《だい》5戦《せん》までもつれて、その最終《さいしゅう》ゲーム、あと1ゲームをとれば勝利《しょうり》というところから、負《ま》けてしまった。

ぼくは後悔《こうかい》した。「出場《しゅつじょう》できるだけでうれしい」じゃなく、「本気《ほんき》でメダルを取《と》りたい」という気持《きも》ちでのぞんでいれば決勝戦《けっしょうせん》まで進《すす》むことができたはずだ。もしもその大会《たいかい》で

メダルを取《と》れていたら、日本《にほん》の卓球界《たっきゅうかい》が大《おお》きく変《か》わったかもしれない。
自分《じぶん》の小《ちい》ささ、選手《せんしゅ》としての弱《よわ》さや情《なさ》けなさを感《かん》じた大会《たいかい》だった。

２回目《かいめ》は２０１２年《ねん》のロンドン大会《たいかい》。「ぜったいに勝《か》たなきゃいけない」と気持《きも》ちも力《ちから》も入《い》れてのぞんだ大会《たいかい》で、ぼくは緊張《きんちょう》やプレッシャーをコントロールできずにあっさりと負《ま》けた。

世界《せかい》ランキング４位《い》。第《だい》３シードとして出場《しゅつじょう》したシングルスだったから、１００％のパフォーマンスを発揮《はっき》すればメダルが取《と》れたと思《おも》う。でも、ぼくは「メダルを取《と》りたい」という気持《きも》ちに負《ま》けて、ミスをするたびに「どうしよう」とあせって、心《こころ》の勝負《しょうぶ》に負《ま》けて、直前《ちょくぜん》の大会《たいかい》でストレート勝《が》ちした相手《あいて》にストレートで負《ま》けた。

結局《けっきょく》、「メダル獲得《かくとく》が有力《ゆうりょく》」と言《い》われていた団体戦《だんたいせん》でも負《ま》けてしまって……あのときは本当《ほんとう》にキツかった。「メダルなんてぜったいに取《と》れないんじゃないか」とおちこんだし、卓球《たっきゅう》をやるのがイヤになってしまった。

ロンドン大会《たいかい》が終《お》わって、ぼくはしばらく卓球《たっきゅう》からはなれた。これまで支《ささ》えてくれたスポンサー企業《きぎょう》のみなさんには「しばらく卓球《たっきゅう》からはなれます」とあやまって、契約《けいやく》を終了《しゅうりょう》してもらった。つまり〝ぼくを応援《おうえん》してくれるもの〟がぜんぶなくなって、ゼロからのスタートになった。

あのころ、「引退《いんたい》」という決断《けつだん》をしていても、おかしくなかったと思《おも》う。

ロンドン大会《たいかい》から約半年後《やくはんとしご》。またラケットをにぎるようになったぼくは、2013年《ねん》の世界卓球《せかいたっきゅう》に出場《しゅつじょう》した。でも、結果《けっか》は1回戦負《かいせんま》け。これまでに経験《けいけん》したことのないスランプに直面《ちょくめん》して、「環境《かんきょう》が悪《わる》い」とか、「いいコーチがいない」とか、「だから勝《か》てないんだ」と、言《い》いわけをくりかえした。

で、こう思《おも》った。

「このままじゃダメだ。言《い》いわけばかりして、人《ひと》のせいにして、そんな自分《じぶん》が勝負《しょうぶ》の世《せ》界《かい》で勝《か》てるわけがない。でも、ぼくは復活《ふっかつ》したい。だから自分《じぶん》の力《ちから》でなんとかするしか

ない。卓球《たっきゅう》の世界《せかい》で、自分《じぶん》ひとりで生《い》きていくんだ！」

ぼくは、ロシアに行《い》くことにした。自分《じぶん》でコーチを探《さが》して、自分《じぶん》のお金《かね》でコーチをやとった。

もういちど、本気《ほんき》になって卓球《たっきゅう》と向《む》き合《あ》いたいと思《おも》った。

３回目《かいめ》のオリンピックは、２０１６年《ねん》のリオデジャネイロ大会《たいかい》。本当《ほんとう》に苦《くる》しいシード権争《けんあらそ》いを、ギリギリのところで勝《か》ちぬいてぼくは第《だい》４シードで本大会《ほんたいかい》に出《で》る権利《けんり》を手《て》に入《い》れた。その経験《けいけん》はぼくを成長《せいちょう》させてくれたし、大《おお》きな自信《じしん》になった。

そうしてむかえたリオデジャネイロ大会《たいかい》。ぼくはシングルスで銅《どう》メダルを、団体戦《だんたいせん》で銀《ぎん》メダルを獲得《かくとく》して、はじめてオリンピックの表彰台《ひょうしょうだい》に上《あ》がった。

ロンドン大会《たいかい》でボロボロになって、一時《いちじ》は引退《いんたい》も考《かんが》えたぼくをもういちど立《た》ち上《あ》がらせたのは、ぼく自身《じしん》の「もういちど復活《ふっかつ》したい」という思《おも》いと、「ひとりきりで戦《たたか》う」という覚悟《かくご》だったと思《おも》う。

だれだって、ひとりになるのはこわい。できることなら、たくさんの仲間《なかま》といっしょに、はげましあい、切磋琢磨《せっさたくま》しながら成長《せいちょう》したい。でも、ぼくはあの経験《けいけん》から〝ひとりきりで戦《たたか》う〟ことでしか手《て》に入《い》れられない強《つよ》さがあることを知《し》った。

ぼくにとって、本当《ほんとう》に大《おお》きなターニングポイントだった。

ヒント 20

親《おや》や指導者《しどうしゃ》に自分《じぶん》の思《おも》いを伝《つた》えてみよう。ぶつかることをおそれないで！

勇気《ゆうき》を出《だ》してコミュニケーション！ それが選手《せんしゅ》としての成長《せいちょう》につながるよ

カスミ先生《せんせい》からキミへ

自分《じぶん》のことを指導《しどう》してくれるコーチ、それから、応援《おうえん》してくれる両親《りょうしん》や保護者《ほごしゃ》に対《たい》して〝自分《じぶん》の意見《いけん》〟をちゃんと伝《つた》えるのって、すごく勇気《ゆうき》がいるし、難《むずか》しいことだよね。

子《こ》どものころ、とてもはずかしがりやだった私《わたし》はそれがうまくできませんでした。両親《りょうしん》にはなんでも相談《そうだん》できたし、気持《きも》ちを伝《つた》えることができたけれど、一歩《いっぽ》、外《そと》に出《で》ると友《とも》だちにはいつもえんりょしていたし、お店《みせ》に入《はい》っても店員《てんいん》さんに「すみません」と言《い》えないタイプ。でも、大人《おとな》になったいまは、「子《こ》どものころからもっと自分《じぶん》の気持《きも》ちを伝《つた》えるべきだったな」と思《おも》っているんです。

スポーツをやっていれば、うまくいかないことだってたくさんあります。思《おも》いどおりにいかないことなんて毎日《まいにち》のようにあるかもしれない。

でも、子《こ》どもだから、はずかしがりやだからという理由《りゆう》で自分《じぶん》の気持《きも》ちにフタをしていたら、とてもつらいと私《わたし》は思《おも》うんだ。気持《きも》ちをうまく伝《つた》えることができなくて、スポーツを続《つづ》けることをあきらめちゃった子《こ》もたくさんいると思《おも》う。それってすごく悲《かな》しいことだよね。

自分《じぶん》の気持《きも》ちを伝《つた》えるって、自分自身《じぶんじしん》と真剣《しんけん》に向《む》き合《あ》わなきゃできないことだよね。苦手《にがて》なところ、弱《よわ》いところをちゃんと理解《りかい》して、そこからにげずに向《む》き合《あ》えるか、それとも目《め》をそらしてごまかすかによって、スポーツ選手《せんしゅ》としての成長《せいちょう》はぜんぜんちがうと私《わたし》は思《おも》います。

いつだって、向《む》き合《あ》っているのは自分自身《じぶんじしん》なんだよね。私《わたし》は、その勇気《ゆうき》を持《も》つことができたから、コーチや両親《りょうしん》、チームメイトやライバルたちといっしょに成長《せいちょう》することができたんだと思《おも》う。

だから、ぶつかることをおそれずに、でも、おたがいへの思《おも》いやりは忘《わす》れずに、気持《きも》ちをぶつけ合《あ》いながら、みんなでいっしょに成長《せいちょう》してほしい。

もしも伝《つた》えたいこと、思《おも》うことがあったら、勇気《ゆうき》を出《だ》してコーチや両親《りょうしん》、友《とも》だちに話《はな》してみてほしい。そうやって素直《すなお》なコミュニケーションをとることが、スポーツ選手《せんしゅ》としての成長《せいちょう》につながると私《わたし》は思《おも》うよ。

どんなスポーツであれ、選手《せんしゅ》にとって一番大切《いちばんたいせつ》なことは「自分《じぶん》を知《し》ること」なのかもしれません。

いまの私《わたし》にできることと、できないこと。それを知《し》ることができれば、自分《じぶん》がなにを武器《ぶき》とする選手《せんしゅ》で、どんな弱点《じゃくてん》があって、まわりからはどう見《み》られているのかもわかると思《おも》う。

もちろん簡単《かんたん》じゃありません。自分《じぶん》のことは自分《じぶん》が一番《いちばん》よく知《し》っているからこそ、なかなかできないんだよなぁ……その気持《きも》ち、私《わたし》もよくわかるよ！

ヒント 21

大切《たいせつ》なのは
「臨機応変《りんきおうへん》」。
相手《あいて》はぼくを
分析《ぶんせき》する。
だからぼくは
相手《あいて》を分析《ぶんせき》しない。

ミズタニ先生《せんせい》からキミへ

気《き》負《お》いすぎない、やりすぎない
そういう気持《きも》ちが一番《いちばん》の理想《りそう》！

勝利《しょうり》への近道《ちかみち》は、とにかく冷静《れいせい》でいることだ。

「どうしたら緊張《きんちょう》しなくなるか」を考《かんが》えて解決策《かいけつさく》を探《さが》していたころ、メンタルトレーナーから「力《ちから》が入《はい》るほど本来《ほんらい》のパフォーマンスを発揮《はっき》できない」と教《おし》えてもらった。

相手《あいて》に勝《か》ちたい。試合《しあい》に勝《か》ちたい。そう強《つよ》く思《おも》いすぎると、筋肉《きんにく》によけいな力《ちから》が入《はい》って、思《おも》うようなパフォーマンスができなくなる。だから、試合《しあい》はできるだけリラックスした状態《じょうたい》でプレーしたほうがいい。それから、試合前《しあいまえ》はできるだけリラックスしていたほうがいい。試合《しあい》が始《はじ》まれば、勝手《かって》にスイッチが入《はい》って緊張状態《きんちょうじょうたい》になるんだから――。

メンタルトレーナーはそう教《おし》えてくれた。

だから、ぼくは試合前《しあいまえ》に緊張《きんちょう》のスイッチを入《い》れない。

みんなは普段《ふだん》の練習《れんしゅう》が始《はじ》まる前《まえ》、どんな過《す》ごしかたをしているかな？
きっと、チームメイトと楽《たの》しく会話《かいわ》したり、中学生《ちゅうがくせい》や高校生《こうこうせい》ならスマートフォンをいじったりしている子《こ》もいるんじゃないかな。よく考《かんが》えてみて。それって、じつは自分自《じぶんじ》身《しん》が一番《いちばん》リラックスしている時間《じかん》じゃない？

だから、ぼくは、大事《だいじ》な試合前《しあいまえ》であっても同《おな》じことをする。チームメイトと話《はな》したり、スマートフォンをいじったりする。試合前《しあいまえ》にどれだけふざけていても、試合《しあい》が始《はじ》まれば100%集中《しゅうちゅう》する。そのアドバイスに納得《なっとく》してからというもの、試合前《しあいまえ》に「やってやるぞ！」といきごむことなんてすっかりなくなってしまった。

それと同《おな》じような感覚《かんかく》で、ぼくはあまり相手《あいて》の特徴《とくちょう》を分析《ぶんせき》しない。相手《あいて》のプレースタイルを頭《あたま》のなかに入《い》れすぎてしまうと、ちょっとでもちがった場合《ばあい》に対応《たいおう》できなくなってしまうからだ。それに、相手《あいて》もぼくのことを分析《ぶんせき》しているから、前回《ぜんかい》の対戦《たいせん》とはちがったことをやってきたりする。だから、〝やりすぎた分析《ぶんせき》〟にはあまり意味《いみ》がないと

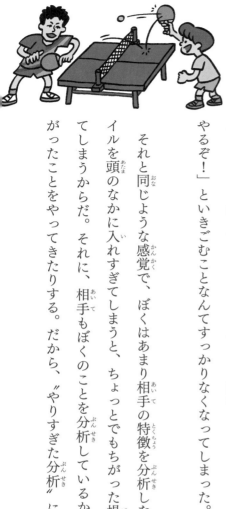

ぼくは思《おも》っている。

勝負《しょうぶ》の流《なが》れをつかむために大切《たいせつ》なのは、その瞬間《しゅんかん》ごとに正《ただ》しい判断《はんだん》をすることだ。求《もと》められるのは、分析力《ぶんせきりょく》ではなく、臨機応変《りんきおうへん》に対応《たいおう》できる適応力《てきおうりょく》みたいなものだ。なにが起《お》きてもぜったいに動《どう》じない。そういうメンタリティーが理想的《りそうてき》だと思《おも》う。

だから、ぼくは試合前《しあいまえ》に気持《きも》ちをたかぶらせない。「やってやる！」と気負《きお》わない。チームメイトと会話《かいわ》をして、スマートフォンをいじっているほうが、冷静《れいせい》な心《こころ》で試合《しあい》にのぞめると思《おも》うから。

ヒント 22

最後《さいご》に
決《き》めるのは自分《じぶん》。
でも、
「だれかの話《はなし》」には
自分《じぶん》を知《し》るための
ヒントがきっとある。

カスミ先生《せんせい》からキミへ

「聞《き》く耳《みみ》」を持《も》つと、選択肢《せんたくし》が広《ひろ》がるし、自分《じぶん》をもっと知《し》り、理解《りかい》できるようになる。

コーチや両親《りょうしん》、友《とも》だちに自分《じぶん》の気持《きも》ちを伝《つた》えるために大切《たいせつ》なのは、やっぱり、自分自《じぶんじ》身《しん》もちゃんと〝聞《き》く耳《みみ》〟を持《も》つことだと思《おも》います。

子《こ》どものころの私《わたし》は、コーチのアドバイスは耳《みみ》に入《い》れていたけれど、聞《き》いたことをすぐプレーに取《と》り入《い》れて、実行《じっこう》するのが苦手《にがて》でした。

私《わたし》のことは私《わたし》が一番《いちばん》よく知《し》っているんだもん。子《こ》どものころの私《わたし》はそう思《おも》っていたから、〝聞《き》く耳《みみ》〟を持《も》っていなかったわけじゃないけれど、自分《じぶん》の考《かんが》えをより優先《ゆうせん》していたような気《き》がします。

でも、成長《せいちょう》して、大人《おとな》になってから少《すこ》しずつアドバイスを受《う》け入《い》れられるようになったんです。それは自分自身《じぶんじしん》のことをもっとよく知《し》るきっかけになったし、自分自身《じぶんじしん》と真《しん》

剣《けん》に向《む》き合《あ》うためのあと押《お》しをしてくれました。だから、〝聞《き》く耳《みみ》〟を持《も》つことは、それまで気《き》づかなかった自分《じぶん》を発見《はっけん》することにもつながります。卓球選手《たっきゅうせんしゅ》としての私《わたし》の成《せい》長《ちょう》にとって、それはとても大切《たいせつ》なことでした。

だから、みんなには、「信頼《しんらい》している人《ひと》の声《こえ》にはちゃんと耳《みみ》をかたむけてみて」と伝《つた》えたいです。

自分《じぶん》じゃないだれかの意見《いけん》やアドバイスは、その人《ひと》が自分《じぶん》のことを思《おも》って伝《つた》えてくれたこと。もちろん、最後《さいご》に決《き》めるのは自分《じぶん》だから、すべてのアドバイスをそのまま聞《き》き入《い》れる必要《ひつよう》はありません。でも、最後《さいご》に決《き》めるのが自分《じぶん》だからこそ、いろんな選択肢《せんたくし》のなかから決《き》められるほうがいいよね。そのアドバイスのなかには、自分《じぶん》ひとりでは気《き》づけなかったヒントがかくされていることもあると思《おも》うから。

一生懸命《いっしょうけんめい》にスポーツに取《と》りくむほど、何度《なんど》でも目《め》の前《まえ》に大《おお》きなカベがあらわれると思《おも》うし、うまくいかないことがたくさん出《で》てくると思《おも》います。そんなときには強《つよ》い心《こころ》を

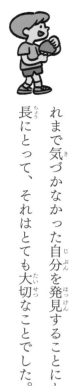

持《も》って立《た》ち向《む》かっていかなきゃならないけれど、〝聞《き》く耳《みみ》〟を持《も》っていれば、そのカベを簡単《かんたん》にのりこえられることもあるのを私《わたし》は知《し》っています。

ぜったいに勝《か》ちたい試合《しあい》。大《だい》ピンチの場面《ばめん》。みんなだったら、コーチやチームメイトのアドバイスに耳《みみ》をかたむけられるかな？

難《むずか》しいよね。だってぜったいに勝《か》ちたいんだもん。「失敗《しっぱい》したらどうするの？」と不《ふ》安《あん》になるよね。だって、負《ま》けておこられるのは私《わたし》じゃん！（笑《わらい》）

でも、最後《さいご》に決《き》めるのはいつだって自分《じぶん》。アドバイスを受《う》け入《い》れるかどうかを決《き》めるのも自分《じぶん》。そう考《かんが》えて覚悟《かくご》を決《き》めれば、そういうときにかけてもらえる言葉《ことば》に「ありがとう」と思《おも》えるはずです。

自分《じぶん》じゃないだれかの言葉《ことば》に対《たい》して〝聞《き》く耳《みみ》〟を持《も》つということは、つまり自分自身《じぶんじしん》と向《む》き合《あ》い、もっとよく理解《りかい》することにつながる。

それってすごくおもしろいよね。卓球選手《たっきゅうせんしゅ》だった私自身《わたしじしん》も、そうやって少《すこ》しずつ成長《せいちょう》していった気《き》がします。

視点が変われば感じ方が変わる。親は「両者の視点」を持ってほしい。

親としての自分自身は、子どもたちにはできるだけ好きなことを、好きなだけやらせてあげたいと思うタイプです。

本人が「やりたい」と意志表示するなら、どんなスポーツでも好きなだけやらせてあげたい。子どものうちは1つに絞らず、ほんの興味本位であってもチャレンジさせてあげて、あとは本人の判断に委ねたい。親は後ろで静かに見守ってこそ、子どもたちはすくすくと成長できると考えています。

だから、子どもたちに対して怒ることは〝基本的には反対〟です。

僕自身は厳しい両親のある意味〝監視下〟にあった小学生時代が人生で一番キツい時間でした。毎日つきっきりで厳しい練習をして、毎日怒られて、帰宅したら勉強もちゃんとやらなければならなくて。正直なところ、あまりいい思い出がありません。

だから親になった今は、子どもたちの意志や考え方を尊重し、見守る姿勢を貫きたい。そう思います。ただ……。

うちの娘は、同じ年頃の僕によく似ています。つまり、ちょっとずる賢くて、ある意味、大人の反感を買いやすい言動をとってしまうところが僕にそっくりで……（笑）。妻がそんな娘に怒る姿を見て、どちらの気持ちも十分すぎるほどに理解することができました。視点が変われば小学生時代の自分を反省するばかりで、厳しい両親に〝育ててもらった〟ことを痛感するのです。

その経験から、大切なのは両者の視点を持つことである気がします。子どもは親の気持ちを理解できないから、その感覚が求められるのは親ですよね。親と子の関係に唯一の正解はありません。その子にとってなにが大切かを見極めるためにも、親は自分の子ども時代を思い出して、子どもの気持ちを想像して、両者の視点を持って子どもたちと接するべきなのではないかと思います。

水谷隼

保護者・指導者の
みなさんへ

成功しても失敗しても、「充電ポッド」のような存在でいて

私が選手として「安心できる」と感じていた周囲からのサポートは、やはり、成功しても失敗しても〝充電ポッド〟のような存在でいてくれる人や、その姿勢でした。

もちろん勝って一緒に喜びあうこともうれしいけれど、基本的には一喜一憂することなく、見守ってくれる人。私自身が、卓球に打ちこめる環境を作ってくれることに対してとても感謝していましたし、今になって振り返ると、そういう人たちのおかげで、これだけ卓球を続けられたと思っています。

小学生のころはほとんどなにも考えず、ただ「好き」という気持ちだけで卓球を続けてきました。元卓球選手で卓球クラブを運営していた両親の影響で卓球を始めたけれど、あくまで生徒のひとりで、期待されているとも思わなかったし、プレッシャーを感じることもなかった。「勝て」というメッセージを受け取ったこともありません。あのころ、もしもスパルタ的な卓球の指導を受けていたら、私はこのスポーツをこんなに長く続けられなかっただろうな、と思います。

もちろん、子どもに対して大人が怒ったり、積極的に指導しようとすることがすべて間違っているとは思いません。

子どもだから間違えることだってあるし、気持ちが安定しないこともある。そんなときに頼りになるのは親の言葉であり、態度であると思うからです。

親の「見守る」という姿勢は、子どもに対する愛情そのものだと私は思います。子どもは親が思うよりずっと敏感にそれを感じているし、愛情を実感することができれば、ときには怒られたっていい。〝がんばる子どもたちに対する親の向き合い方〟はあちこちで議論されていると思いますが、その答えは〝愛情〟という言葉に集約されているのではないかと私は思います。互いが深く理解しあい、互いに愛情を持って接すること。きっと、それがなにより大切ですよね。

石川佳純

おわりに

「一生役立《いっしょうやくだ》つこどもメンタル本《ぼん》」シリーズ制作《せいさく》チームより

『こころのラリー　卓球《たっきゅう》メダリストのメンタルに学《まな》ぶたくましく生《い》きる22のヒント』を手《て》に取《と》ってくれた子《こ》どもたち、それから、お父《とう》さんやお母《かあ》さん、保護者《ほごしゃ》や指導者《しどうしゃ》のみなさん、最後《さいご》まで読《よ》んでいただきありがとうございました。

日《ひ》の丸《まる》を背負《せお》って長《なが》く日本《にほん》の卓球界《たっきゅうかい》を引《ひ》っぱってきた水谷隼《みずたにじゅん》さんと石川佳純《いしかわかすみ》さん。ふたりは学年《がくねん》では3つ離《はな》れていますが、ほとんど同《おな》じ時代《じだい》に生《い》きて、同《おな》じように卓球《たっきゅう》が好《す》きになって、同《おな》じようにたくさんの努力《どりょく》を積《つ》み重《かさ》ねて、やがて目標《もくひょう》をクリアし、夢《ゆめ》をかなえてきた選手《せんしゅ》です。

でも、ふたりが経験《けいけん》してきたこと、感《かん》じたこと、それによって身《み》についた考《かんが》えかたや、卓球《たっきゅう》との向《む》き合《あ》いかたは「まるでちがう」と言《い》えるかもしれません。

「つねに少数派《しょうすうは》を選択《せんたく》し続《つづ》ければオンリーワンになれる」と話《はな》してくれた水谷《みずたに》さんは、人《ひと》とはちがったモノの見方《みかた》をして、それを行動《こうどう》に移《うつ》す〝思考《しこう》とアクション〟の天才《てんさい》。

「自分《じぶん》に向《む》き合《あ》う勇気《ゆうき》を持《も》てるかどうか。それが勝負《しょうぶ》の分《わ》かれ目《め》」と話《はな》してくれた石川《いしかわ》さんは、他者《たしゃ》との関係性《かんけいせい》のなかで自分《じぶん》らしさを見《み》きわめ、それをつらぬくことができる〝意志《いし》とリアクション〟の天才《てんさい》。ふたりともまったく異《こと》なる個性《こせい》を持《も》っているからこそ、その言葉《ことば》はとても興味深《きょうみぶか》く、子《こ》どもにとっても、大人《おとな》にとっても〝次《つぎ》の一歩《いっぽ》〟をふみ出《だ》すうえで大切《たいせつ》なヒントがつまっている気《き》がします。

そんな言葉《ことば》を受《う》けとって、あらためてこう思《おも》うのです。

トップアスリートの本当《ほんとう》のすごさは、技術《ぎじゅつ》よりもメンタルにある。

彼《かれ》らと面《めん》と向《む》かって話《はな》すと、そのことを強《つよ》く感《かん》じると同時《どうじ》に、少年少女時代《しょうねんしょうじょじだい》の彼《かれ》らもまた、普通《ふつう》の子《こ》どもたちと同《おな》じように成長《せいちょう》のカベにぶつかり、それをのりこえながら強《つよ》い心《こころ》を手《て》に入《い》れてきた過程《かてい》を知《し》ることができます。それがトップアスリートにとっての特別《とくべつ》な価値《かち》であると、私《わたし》たちは考《かんが》えています。

しかし、技術的《ぎじゅつてき》なすばらしさを解説《かいせつ》する文献《ぶんけん》は数多《かずおお》く存在《そんざい》しても、そのメンタルの強《つよ》さ、心《こころ》の持《も》ちかたを言語化《げんごか》し、それをアドバイスとして子《こ》どもたちに届《とど》けようとする文《ぶん》献《けん》はそれほど多《おお》くありません。

スポーツが大好《だいす》きな子《こ》どもたちに、心《こころ》の迷《まよ》いをとりはらうヒントを届《とど》けたい。いろいろな考《かんが》えかたや、成長《せいちょう》のしかたがあることを知《し》ってもらいたい。トップアスリートの言《こと》葉《ば》で、子《こ》どもたちの背中《せなか》をやさしく押《お》してあげたい。そんな思《おも》いから、サッカー元日本《もとにほん》代表《だいひょう》の中村憲剛《なかむらけんご》さん、佐藤寿人《さとうひさと》さん、今野泰幸《こんのやすゆき》さんの言葉《ことば》をまとめた『こころのパス』（２０２２年《ねん》）を皮切《かわき》りに、「こころの〜」と題《だい》したこのシリーズはスタートしました。卓球《たっきゅう》をテーマにした本書《ほんしょ》はその第《だい》2弾《だん》であり、第《だい》3弾《だん》・第《だい》4弾《だん》となるオリンピック編《へん》、パラリンピック編《へん》も、２０２４年夏《ねんなつ》に刊行予定《かんこうよてい》です。

子《こ》どもたちがもっと楽《たの》しく、もっと明《あか》るく、もっと前向《まえむ》きにスポーツを楽《たの》しめたら、いまよりもっと素敵《すてき》な社会《しゃかい》が実現《じつげん》すると思《おも》いませんか？

そんな未来《みらい》を夢見《ゆめみ》て、スポーツが大好《だいす》きな子《こ》どもたちに本書《ほんしょ》『こころのラリー』が届《とど》くことを願《ねが》っています。

２０２４年春《ねんはる》

PROFILE

水谷隼（みずたに・じゅん）

1989年6月9日生まれ、静岡県出身の元プロ卓球選手。木下グループ所属。両親の影響で5歳から卓球を始め、2007年全日本卓球選手権では、当時史上最年少の17歳7カ月で優勝。この優勝から2011年まで史上初の男子シングルス5連覇を達成。2019年には前人未到の通算10回目の優勝を成し遂げた。2008年北京オリンピックから4大会連続オリンピック出場。2016年リオデジャネイロオリンピックの男子シングルスでは、日本人初の銅メダルを獲得。2021年東京オリンピックでは、新種目として追加された混合ダブルスに出場し、日本卓球界史上初の金メダルを獲得し、初代チャンピオンに。また男子団体では銅メダルを獲得し、2大会連続のメダル獲得となった。2021年に現役を引退し、現在はタレント、スポーツキャスター、卓球解説、講演活動など、多方面で活動中。著書に『打ち返す力 最強のメンタルを手に入れろ』（講談社）、『卓球王 水谷隼 終わりなき戦略　勝つための根拠と負ける理由』（卓球王国）などがある。

石川佳純（いしかわ・かすみ）

1993年2月23日生まれ、山口県出身の元プロ卓球選手。両親共に元卓球選手という環境で育ち、小学1年生で競技を始める。全日本卓球選手権ジュニア女子シングルスで史上初の4連覇、インターハイ3連覇という記録を残すと、2011年の全日本卓球選手権ではシニアを初制覇し、高校生の全日本卓球選手権女子シングルス制覇22大会ぶり4人目という快挙を達成。2015年の全日本選手権では54大会ぶりの3冠を達成した。3大会連続オリンピック出場。2012年ロンドンオリンピックで女子シングルス4位、女子団体銀メダル（ともに男女日本卓球史上初）。2016年リオデジャネイロオリンピックでは女子団体銅メダル。2021年東京オリンピックでは日本選手団副主将として、また女子団体戦キャプテンとして銀メダルを獲得。2023年に現役を引退し、現在は『全農presents 石川佳純47都道府県サンクスツアー』を通じて卓球に取り組む子どもたちと交流している。

構成	細江克弥
イラスト	川原瑞丸
アートディレクション	小島正継（株式会社graff）
デザイン	浅田深里、牧花（株式会社graff）
協力・写真提供	株式会社HLBスポーツ
	IMG
校閲	小学館クリエイティブ校閲室
編集	寺澤 薫（小学館クリエイティブ）

こころのラリー

卓球メダリストのメンタルに学ぶたくましく生きる22のヒント

2024年5月15日　初版第1刷発行

著　者　水谷隼　石川佳純
発行者　尾和みゆき
発行所　株式会社小学館クリエイティブ
〒101-0051 東京都千代田区神田神保町2-14 SP神保町ビル
電話0120-70-3761（マーケティング部）
発売元　株式会社小学館
〒101-8001 東京都千代田区一ツ橋2-3-1
電話03-5281-3555（販売）
印刷・製本　中央精版印刷株式会社

ISBN 978-4-7780-3631-7